PETITE BIBLIOTHÈQUE GNOSTIQUE

L'ARBRE GNOSTIQUE

PAR

SYNÉSIUS
(Fabre des Essarts)

Patriarche Gnostique, Primat d'Albigeois,
Évêque de Montségur,
Grand Maître de l'Ordre de la Colombe du Paraclet

PARIS
LIBRAIRIE CHAMUEL
5, Rue de Savoie, 5

1899

L'ARBRE GNOSTIQUE

PETITE BIBLIOTHÈQUE GNOSTIQUE

L'ARBRE GNOSTIQUE

PAR

SYNÉSIUS
(Fabre des Essarts)

Patriarche Gnostique, Primat d'Albigeois,
Évêque de Montségur,
Grand Maître de l'Ordre de la Colombe du Paraclet

PARIS
LIBRAIRIE CHAMUEL
5, RUE DE SAVOIE, 5
—
1899

IMPRIMERIE TYPOGRAPHIE ET LITHOGRAPHIE L. BADEL
A CHATEAUROUX

T

I. N. S P.

On a souvent reproché à la Gnose de n'avoir pas d'unité de doctrine, et si la récente reconstitution de notre Sainte Eglise n'a point encore fait naître une nouvelle Histoire des Variations, c'est Bossuet seul qui a manqué à nos ennemis.

Le reproche pèse trop à notre Cœur de Pontife, pour que nous résistions plus longtemps au désir d'y répondre.

Dans ces quelques pages nous avons réuni les exposés sommaires de tous les systèmes gnostiques depuis les origines jusqu'à l'époque actuelle, assuré que c'était l'unique moyen de faire éclater l'indiscutable unité de notre Foi. Pour mener à bien ce travail, nous avons consulté avec la même impartialité les apologistes et les adversaires. Ajoutons que ce sont ces derniers qui nous ont fourni la plus ample matière. On sait d'ailleurs combien limité est le nombre des écrits gnostiques, la plupart des livres de nos maîtres ayant disparu, non point dans l'incendie d'Omar, qui n'est qu'une légende, mais dans celui de Théodose, qui est une douloureuse page d'histoire. La vérité s'imposera d'autant plus victorieusement à ceux qui nous combattent que nos meilleurs arguments viennent d'eux et des leurs.

Si quelques lacunes ont été commises, quelques détails négligés, quelques noms oubliés, qu'on nous pardonne et qu'on nous permette de prendre pour nôtre la phrase connue : Quæ falsa esse perspexeris respue et mihi qui homo sum ignosce.

SYNÉSIUS,
Pasteur de la T. S. Gnose.

L'ARBRE GNOSTIQUE

Quand le germe de la T. S. Gnose tomba du ciel sur la terre, il y eût d'abord une longue et mystérieuse période d'élaboration. Il serait d'ailleurs fort difficile d'établir même approximativement à quelle époque l'événement se produisit. A s'en rapporter aux récentes découvertes des savants, qui viennent toujours confirmer ce que les intuitifs ont pressenti, le **T** était un signe sacré dès l'époque néolithique, témoin les différents crânes incisés trouvés au pied des dolmens de Seine-et-Oise. Ces crânes portent à la région sincipitale, très nettement indiqués, deux petits sillons formant le signe très auguste de notre religion. Ce signe, nous le retrouvons en forme de croix ansée, sous presque toutes les latitudes, et dans les monuments de presque toutes les civilisations, aussi bien dans les hypogées de l'Egypte que dans les cryptes de l'Inde.

Mais sans vouloir plus longtemps nous arrêter à ces flottantes origines ni pénétrer en ces sombres profondeurs où s'accomplit le travail de la germination, hâtons-nous d'aborder la phase de croissance externe et d'évolution glorieuse.

Il est à propos, toutefois, d'étudier un instant les influences concomitantes ou successives, qui ont préparé l'éclosion et le développement de l'Arbre immense, qui devait un jour couvrir le monde de ses rameaux.

Mille systèmes philosophiques et religieux sont venus autour du germe sacré épaissir l'humus fertile où il devait fixer ses puissantes racines, ou bien verser sur sa tige naissante les eaux fécondes qu'elle attendait pour grandir.

C'est la doctrine brahmanique et son vaste panthéisme, c'est Zoroastre et son ingénieuse théorie des deux principes, c'est Pythagore et ses Nombres, Platon et sa matière primitive, source de tout mal (1), Aristote et sa nature seule créatrice du monde à l'exclusion du Dieu de beauté et de bonté, Hermès et sa Divinité bissexuelle. Les Esséniens eux-mêmes ont eu leur part de précieuse collaboration, avec leur doctrine de l'âme tombée des hauteurs de l'Ether subtil dans les ténèbres de la Matière, comme aussi les Néoplatoniciens et leurs hypostases divines. Philon, complétant Platon et Pythagore, détermine une direction puissante vers la conception du Quaternaire, de la Décade, d'un Dieu qui ne crée que les âmes, laissant aux anges l'organisation de la Matière. A leur tour les Thérapeutes du lac

(1) D'après Platon, Dieu est l'ordonnateur, l'harmonisateur, et non le Φυτοῦργος.

Maria apportèrent le doux rayonnement de leur rêve social et de leur sainte fraternité. Quant au Christianisme, il se confond d'abord avec la Gnose, dont il n'est, en somme, que l'involucre vivant, et dont il reproduit tous les contours, — ainsi qu'il appert de l'Évangile de Saint Jean, — mais la tradition johannite ne tarde pas à s'altérer au contact de la poussée paulinienne. Le visionnaire de Damas rétrécit, endogmatise la grande idée chrétienne. L'arbre gnostique voulait croître librement, en dehors de tout dogmatisme étroit, dans la sereine clarté des cieux. Il brise l'involucre et celui-ci s'en va prendre racine à côté, frêle rameau d'abord, qu'arrosera, sanctifiera et fécondera le sang des martyrs, mais qui n'en fléchira pas moins sous le politicianisme de Constantin, en attendant qu'il devienne féroce absolutisme, arbre immense aussi, bois sinistre dont seront faits tous les gibets et tous les bûchers que le monde terrifié verra surgir, de Manès à Jean Huss et de Jeanne d'Arc à Urbain Grandier.

Laissons ce christianisme antiévangélique et revenons à la sainte Gnose (1).

Comme c'est principalement du côté de l'Orient que sont venues les diverses influences que nous signalons plus haut, c'est dans cette même direction que l'Arbre gnostique va dé-

---

(1) Cons. le très intéressant ouvrage de Papus: *Traité méthodique de science occulte.* — G. Carré, éditeur.

ployer ses rameaux les plus beaux. Il est à peine sorti de terre, qu'une maîtresse branche s'élance de sa base, c'est le Nicolaïsme.

Nicolas, son apôtre, était un des sept diacres élus de l'Eglise de Jérusalem. Né à Antioche, gentil de naissance, il est l'un des premiers qui aient eu le courage de nier la participation directe de Dieu à la création. Saint Epiphane, que nous allons retrouver chaque fois qu'il y a une calomnie à ourdir, un croyant à insulter, l'accuse d'horribles stupres, que la grossièreté du latin peut seule se permettre de décrire. Clément d'Alexandrie, Théodoret et Saint Augustin infirment fort heureusement les dires d'Epiphane. Et c'est tout à leur louange (1).

(1) Il est à propos de faire observer ici que la Gnose comporte deux morales distinctes, que perpétuent à travers les siècles deux courants parallèles, les *Continents* et les *Epicuriens*. M. Léon Maury, dans sa thèse sur le Gnosticisme, en a fort nettement tracé les tendances et le caractère : « Si la matière est la source du mal, il faut « nous en délivrer et réduire autant que possible les rapports que « nous aurons avec elle. De là l'ascétisme, et cet ascétisme a été « pratiqué avec la plus extrême rigueur par plusieurs sectes. Ou « bien, et voici l'autre terme de l'alternative, puisque la nature est « par elle-même mauvaise, il n'y a pas à s'occuper du monde sensi- « ble. On ne doit songer qu'aux choses supérieures et pour le reste « suivre les impulsions naturelles. »
Disons-le une fois pour toutes, c'est ailleurs que sur le terrain de la chair qu'il faut chercher l'unité de la morale gnostique. C'est dans la haine de la guerre, dans la fraternité, l'altruisme, la pitié universelle, la communauté évangélique : sentiments communs à tous les groupes gnostiques sans exception.
Ce dualisme, qui va s'affirmer de plus en plus, au cours de cet exposé, est au moins aussi acceptable que la morale contradictoire actuelle, qui d'un côté taxe d'infamie la femme qui se livre au premier venu et d'un autre côté a des indulgences quasi admiratives pour le coureur d'aventures galantes. Lucrèce Borgia vaut don Juan, ou alors la morale n'est que pure convention !

Dès lors, le grand Arbre de la Science est constitué : il a ses racines-mères, ses fibres, ses vivantes cellules, ses poussées de sève montante, et nous pouvons désormais l'étudier dans sa substance la plus intime. Sans doute vont plus d'une fois apparaître des exfoliations, des branches folles, voire des lichens parasitaires, mai dans les profondeurs de son organisme, nou retrouverons toujours les mêmes éléments constitutifs, et si, çà et là, quelques rameaux erratiques vont puiser dans l'air ambiant des sèves étrangères, il suffira pour ressaisir la vraie tradition vitale de redescendre le rameau, de revenir au tronc et de remonter à la branche consécutive.

Dès ses plus lointaines origines, la Gnose s'est posé quatre problèmes et la préoccupation dominante de ses apôtres a été de les résoudre :

1° PROBLÈME DE LA CRÉATION.
2° PROBLÈME DE L'INCARNATION DIVINE.
3° QUESTION SOCIALE.
4° QUESTION DE LA FEMME.

Les sept principes suivants, qui se retrouvent en dernière analyse, au fond de tous les systèmes gnostiques, si divergents qu'ils puissent paraître, ont surabondamment résolu ce quadruple problème. C'est, suivant l'impeccable loi des Nombres, le Septénaire qui répond au Quaternaire :

1º Exclusion du dogme de la Création, tel qu'il est formulé par l'Orthodoxie catholique ;

2º Existence d'une puissance inférieure productrice du Monde hylique ;

3º Doctrine de l'Emanation ;

4º Groupement des Eons par Syzygies, c'est-à-dire par mâles et femelles ;

5º Analogie des trois mondes : Plérome, Ogdoade et Hebdomade ;

6º Un Christ Sauveur, qui s'incarne en Jésus, mais qui reste indépendant de lui et le quitte avant le drame du Calvaire ;

7º Une rédemption acccomplie par le Saint Vouloir du Plérome dont la femme bénéficiera dans la même mesure que l'homme.

Telle est l'unité gnostique. Il n'en faut pas chercher d'autre. Unité dans les grandes lignes, dans l'orientation de la pensée maîtresse, de la poussée évolutive, variété infinie dans le détail des ramifications ecclésiales.

Et c'est là précisément ce qui donne à notre Eglise ce riche et magnifique épanouissement, auquel n'atteindra jamais une religion emmurée dans la dogmolâtrie. Nous sommes la Science, l'νῶσις ; or, la Science doit être ouverte non seulement à toutes les vérités constatées, mais aussi à tous les devenirs, nous dirons même à toutes les hypothèses.

Après Nicolas, au temps même des apôtres,

un immense rameau surgit, qui va marquer une phase importante dans l'évolution de la Gnose, tant pour les dogmes qu'il fixera que pour les nombreuses ramifications qui sortiront de lui.

C'est Simon-le-Mage. Dès le début de notre Eglise, il sait, par la seule force de son génie, s'élever à la conception de l'Absolu actif, dont le Feu est le symbole. Il distingue nettement les deux principes, Mâle et Femelle, s'accouplant dès l'éternité par Syzygies, et pose, par ainsi, la théorie si féconde de la filiation éonique. C'est également à Simon que nous devons la notion des trois mondes, et celle aussi du Démiurge, créateur de l'homme, considéré par les Juifs et les Chrétiens, comme le Dieu suprême.

Quant aux relations de Simon avec Hélène, si ce n'est point là une simple allégorie, comme le prétend Beausobre, c'est alors une réalité symbolique, ayant pour effet d'offrir aux disciples une saisissante image de la chute et du relèvement de Sophia et aussi de leur faire entendre combien la femme était chose sacrée, puisque, même tombée, elle pouvait devenir la compagne d'un grand apôtre. Toutes les fables racontées à ce sujet par les Pères doivent être rigoureusement écartées, comme aussi la légende qui fait de Simon un trafiquant des choses saintes. S'il est vrai qu'il ait offert à saint Pierre de l'argent, ce ne pouvait être que la légitime rémunération d'un service ecclésial, l'obole anticipée d'un frère reconnaissant et non le prix d'un don céleste. Mais l'orthodoxie paulinienne fut bien aise d'avoir un prétexte pour flétrir celui dont le prestige portait si redoutablement ombrage à sa propre autorité.

Il faut reléguer au même lieu les récits qui prennent la statue de la vieille divinité latine *Semo Sancus*, pour un monument élevé à Simon divinisé. Pure légende aussi que cette ascension de Simon dans les airs et cette chute misérable aux pieds des apôtres !

En dépit de toutes ces calomnies et malgré tous ces pompeux mensonges, il n'en reste pas moins à Simon la gloire impérissable d'avoir dès le début de l'ère chrétienne posé les bases de la doctrine gnostique.

Cérinthe, d'Egypte, disciple immédiat de Simon, tout en prêchant une éonologie plus confuse que celle de Simon, regarde ainsi que lui les créatures comme l'œuvre d'une puissance inférieure, mais il dépasse son maître en distinguant clairement la personnalité de Jésus de l'Éon Christos. Le Christ ne serait descendu en Jésus qu'au moment de son baptême et l'aurait quitté à l'heure de son martyre, le Christ étant un être spirituel ne pouvait logiquement souffrir. Ce point de doctrine, origine première du Docétisme, nous allons désormais le voir proclamé par la plupart des Pères de la Gnose.

Ménandre, de Samarie, se détache comme Cérinthe du rameau simonien. Il change peu de choses aux doctrines de son maître, toutefois, au symbole du Feu préconisé par Simon, il ajoute celui de l'eau et donne le baptême en son propre nom. D'autre part, il introduit la théurgie dans les exercices cultuels. Simon n'avait été que mage, Ménandre fut magicien. La magie, comme le docétisme, va devenir un nouvel apport, qui se reproduira dans maint groupe gnostique.

Ménandre, à son tour, a poussé deux remarquables rameaux : Saturnin et Basilide.

Saturnin, Satorneilos ou Satornilus, suivant les divers hagiographes, d'Antioche, passe pour le père de la Gnose Syrienne. Avec lui le dualisme de Zoroastre apparaît d'une façon très accusée. Le royaume du Bien et le royaume du Mal se copénètrent sur leurs confins. C'est là que le Monde est né, œuvre des sept derniers Éons ou Démiurges. Le Jéhovah des Juifs est l'un de ces Éons. L'homme est sorti de leurs mains, comme le reste de la création (1). Il n'est à l'origine que matière rampante. Une étincelle du Plérome tombe sur lui. Il se redresse et pense.

Sathan oppose à cette création sanctifiée un nouvel homme né tout entier de lui. De là, deux

(1). E. Renan. Orig. Christ.

humanités, la divine et la Sathanique, les Psychiques et les Hyliques.

Les Démiurges se révoltent contre Dieu. Dès lors la créature est séparée de son principe supérieur. Mais le Christ vient sauver l'homme Psychique, en annihilant l'action de Jéhovah. Toutefois la lutte continue entre les hommes de bien (les Gnostiques) et les hommes de mal (les Sathaniques). Saturnin rejetait le dogme de la résurrection des Corps, comme contradictoire avec le principe de l'infériorité de la Matière. Nouvelle vérité que les Gnostiques ultérieurs ne se feront pas faute de publier à leur tour.

Basilide, de Syrie, proclame avant tout le Pater Innatus, le un qui n'est point né, Ἓν τὸ Ἀγέννητον ; c'est le Dieu suprême, le sublime Abraxas, qui se développe en sept perfections et forme avec elles la très sainte Ogdoade. Ces perfections ou Éons, en s'unissant, produisent les Anges, groupés en 365 cieux. Or, ce nombre est celui que donnent les sept lettres du mot Abraxas, prises en valeur numérique. Les Anges du dernier ciel, parmi lesquels Jéhovah, ont créé la Terre, « le plus impur des mondes ». Jéhovah, que les Juifs grossiers ont pris pour le vrai Dieu, est une puissance jalouse et cruelle, qui fait peser sur le monde un joug de fer. Abraxas, le Dieu suprême, envoie le Prince des Éons, qui s'incarne en Jésus, dont le nom mystique est CALAUCAU (1), au moment du baptême, avec la mission de délivrer les hommes de la tyrannie démiurgique.

A l'égard du Sauveur, Basilide partage le docétisme de Cérinthe, et comme Saturnin il repousse la résurrection de la Chair (2).

L'œuvre de Basilide fut continuée par son fils Isidore, qui avait écrit un livre de morale et un autre intitulé les *Expositions*, dont Clément d'Alexandrie cite un long fragment.

Quant aux amulettes appelées *Abraxas*, dont Chifflet a donné une nomenclature détaillée avec figures à l'appui, elles nous paraissent être d'origine basilidienne, quoi qu'en pense Beausobre. Basilide, sans renier Ménandre, se donne pour disciple de Glaucias, — et non de Plaucia, comme écrit Proudhon, — lequel Glaucias aurait reçu lui-même son enseignement des premiers Apôtres de Jésus.

Saturnin eut deux disciples, Bardesanes et son fils Harmonius.

BARDESANES, d'Edesse, poëte, distingué érudit sachant le syriaque, le grec, le chaldéen, d'abord catholique fervent, évolue bientôt, nie la résur-

---

(1). Ce mot signifie : Espérance sur espérance.
(2). Le Sarcosome de Jésus-Christ, dit un Père de la Gnose contemporaine, n'est pas ressuscité. Celui d'aucun homme non plus ne ressuscitera pour monter au ciel. Il n'y a pas place dans le ciel, c'est-à-dire dans l'éther pur, pour les corps charnels ! (Dr FUGAIRON. ma 2e à Fabre des Essarts, sur la ersonne de J.C. Initiation, juillet, 1897).

rection des corps, donne à Jésus un corps céleste (1), « regardant d'ailleurs la chair, comme toute pétrie de concupisence, » admet deux principes des choses, — δύο ῥίζας, — l'un bon, qu'il appelle le Bien, la Lumière, le Droit, le Miséricordieux, le Pieux, le Juste ; l'autre mauvais qu'il nomme le Mal, les Ténèbres, le Gauche, le Cruel, l'Impie, l'Injuste ; mais pour lui Dieu est l'auteur immédiat du monde. Il n'y a que le Démon qu'il n'ait pas créé.

Harmonius, fils de Bardesanes, prêche la doctrine paternelle, en y ajoutant le métempsychosisme.

Mais nous voici bien loin de notre point de départ. A force de ramifications, les branches nouvelles ont quelque peu altéré les primitives sèves. Reprenons par voie régressive les filiations parcourues, Bardesanes, Saturnin, Ménandre, Simon, et remontons le tronc gnostique.

L'étude de ces filiations que la marche logique nous imposait, nous a d'ailleurs fait anticiper sur la chronologie, puisque la première branche qui s'offre maintenant à nous, c'est Elxaï, qui florit vers la fin du Ier siècle, tandis que, avec Bardesanes et Harmonius, nous étions arrivés à l'année 172.

Avec Elxaï, ou plus exactement Elcésaï ou

---

(1) Eusèbe.

Eléasée, d'origine juive, se manifeste un retour marqué aux traditions judaïques. Comme les Hébreux, il observe le sabbat, pratique la circoncision, les ablutions fréquentes. Mais à leur différence, il a horreur des sacrifices sanglants et rejette une partie de l'Ancien Testament. Epiphane, selon sa coutume, lui adresse plusieurs graves reproches ; entre autres, il l'accuse d'avoir prêché le reniement de bouche, à la condition qu'on eût la foi dans le cœur. Comme ce même reproche sera plus tard adressé à d'autres Gnostiques, notamment aux Templiers, il est à supposer qu'il s'agit là d'une cérémonie cultuelle, mal définie, mal comprise par les profanes. Nous aurons, du reste, l'occasion d'y revenir. Tillemont parle de deux sœurs elcésaïtes, *Marthe* et *Marthane*, qui auraient été vénérées comme des déesses, et d'un frère d'Elxaï, *Jexée*, qui aurait écrit plusieurs livres gnostiques. C'est Elxaï, ce nous semble, qui introduit dans la Gnose le concept de la sexualité féminine du Saint Esprit, conformément au vocable hébraïque *Rouasch*.

Carpocrate, de Céphallénie ou d'Alexandrie, porte sur son rameau une floraison aussi étrange qu'imprévue (1). Pour lui, notre ennemie irréconciliable c'est la concupiscence. Nous devons lui céder, sous peine d'être entraînés par elle. On n'ar-

(1) Amelineau.

rive à la perfection qu'après avoir passé par toutes les œuvres de la chair. La communauté des femmes s'imposait nécessairement, avec une semblable morale, ce qui du reste n'empêcha pas Carpocrate d'être fort attaché à son épouse Alexandrée, dont il eut un fils, ce précoce génie auquel on éleva des autels, ce glorieux Epiphane, mort à dix-sept ans, après avoir écrit un ouvrage remarquable sur la justice et qui mérita l'honneur d'être regardé comme l'un des pères du communisme.

Chez Carpocrate, comme chez ses prédécesseurs, nous trouvons le dogme du Dieu Ingenitus nettement formulé, comme aussi celui d'un monde créé par les puissances inférieures. On prétend que les Carpocratiens se brûlaient le lobe de l'oreille pour se reconnaître. Ils ont l'honneur d'avoir fait dans le temple une place à l'esthétique, en y exposant les images de Jésus, de Pythagore, de Platon et d'Homère. Saint Epiphane, pour ne point faillir à ses habitudes, attaque Carpocrate et son homonyme Epiphane avec une violence inouïe. Vers 160 une carpocratienne, Marceline, apporta à Rome les idées du maître.

Si de Carpocrate nous passons à MARCION, de Sinope, comme le veut d'ailleurs l'ordre chronologique, le contraste, à première inspection, paraît frappant. Au sensualisme de Carpocrate, il oppose un rigoureux ascétisme, qui va jusqu'à proscrire l'usage du vin dans le Sacrifice. Il préconise le jeûne, le martyre et la virginité. Il rejette d'ailleurs la plupart des idées judaïques, attribue le monde visible à une puissance souveraine auteur du mal et admet la métempsychose et les œuvres magiques. Saint Épiphane, avec son ordinaire aménité, le traite de serpent pernicieux. Il n'en eut pas moins de nombreux disciples et le marcionisme subsista durant de longues années (1). L'éonologie de Marcion est très voisine de celle de Valentin, à qui nous allons bientôt arriver.

Avec son disciple APELLE, l'opposition entre les deux Testaments s'affirme plus énergiquement encore. Fidèle à sa mission, la Gnose s'éloigne de plus en plus du judaïsme (2). Pour Apelle, le Dieu des Juifs est un Dieu pervers; le monde, qui ne reflète pas l'infinie bonté du vrai Dieu, ne saurait être son œuvre. C'est pour adoucir les horreurs de ce triste ici-bas que le Christ est venu. Apelle reconnaît toutefois que le monde visible est la copie maladroite du monde angélique et pose de la sorte un des principes fondamentaux de la Gnose : CE QUI EST EN BAS EST COMME CE QUI EST EN HAUT.

Quant à cette Philumène, Φιλούμενη, dont Marcion follement épris suivait les inspirations,

---

(1) B. Renan, *Orig. Christ.*
(2) B. Renan et Vacherot.

elle pourrait bien n'être, comme l'a fort judicieusement fait observer Renan, qu'un symbole de la vérité philosophique.

Métrodore, un autre disciple de Marcion, subit le martyre sous l'empereur Décius.

Cerdon, de Syrie, prêche les deux principes. Du principe Bon émanent les esprits, qui tendent vers le bonheur ; du principe Mauvais sont nés les corps, origine de toute douleur. La loi moïsiaque, avec ses superstitions et ses bizarres pratiques, est l'œuvre du Mal ; la Loi chrétienne, avec ses saintes et sublimes prescriptions, est l'œuvre du Bien. Cerdon ajoutait que les souffrances du Christ n'avaient été qu'apparentes. Il continue vigoureusement la tradition des antijudaïsants.

Le Caïnisme est un frêle rameau, qui se détache du tronc gnostique vers 150 (1), sans porter grands fruits ni faire souche bien vivace. Il renchérit encore sur les tendances antijudaïques de Cerdon. Pour les fidèles de la doctrine, tous les personnages maudits, Caïn, Cham, Esaü, etc., sont des pneumatiques. Si l'ancien Testament les maltraite, c'est par l'unique raison qu'ils se sont insurgés contre le Jéhovah judaïque. C'est là précisément leur gloire, déclarent les Caïnites ; nous devons les honorer. Quintilla, d'après Ter-

---

(1) Proudhon, *Cls. et Christ.*

tullien, prêcha en Afrique cette gnose singulière, accès inévitable de la vérité en délire, provoqué par l'effort désespéré des judaïsants en faveur de leur Dieu féroce.

Valentin, de Pharbé (Egypte), juif d'origine, est la plus grande lumière de la Gnose. Proudhon le considère, avec juste raison, comme le plus profond des philosophes. Qu'il ait ou non reçu son enseignement de Théodas, disciple de saint Paul, il n'en fixe pas moins, d'une façon définitive, la partie immuable de la doctrine. Le parallélisme des trois mondes, Plérome, Ogdoade et Hebdomade, est très nettement établi par lui. C'est lui qui le premier s'élève à la véritable conception de l'éternel Incréé, Bythos, l'Abyme, le Proarche, le Propator, vivant hors du lieu et du temps, réel pourtant, et incontestablement plus saisissable par la raison que le Dieu Οὐκ ὤν de certains Alexandrins.

L'Eonologie, flottante encore avec ses prédécesseurs, s'affirme dans une sereine clarté. On y voit la Triade générée par l'unité Père, produisant elle-même l'Ogdoade sainte, la Décade apparaissant à son tour et complétée par la Dodécade, l'Union des Eons par Syzygies, le Mystère des Amours de Sophia, celui de sa douloureuse chute, de son rachat par l'Eon Christos, la naissance d'Achamoth, fruit de la passion insensée de Sophia pour Bythos, l'enfantement du Démiurge, maladroit organisateur du Monde, la distinction des Pneumatiques, des Psychiques et des Hyliques, l'anéantissement futur des lamentables et inconscientes créations du Démiurge, l'impossibilité de la résurrection de la chair, toutes ces vérités se trouvent lumineusement présentées dans le système de Valentin.

Il crée également une liturgie qui comporte quatre sacrements :

Le Mystère de la rédemption des péchés ;

Le Baptême de la fumée ;

Le Baptême de l'Esprit de la Sainte Lumière ;

Le grand Mystère des Sept Voix.

C'est lui qui fixe les six degrés de l'Initiation gnostique : (1)

        Borboriens ;

        Coddiens ;

        Soldats ;

        Phibionites ;

        Zachéens ;

        Barbélites,

auxquels il suffira d'ajouter le diaconat et l'épiscopat, avec les Albigeois, pour compléter l'Ogdoade de perfection.

C'est lui également qui nous a révélé les

---

(1). Amélineau. — Plusieurs écrivains catholiques ont pris maladroitement les noms de ces divers degrés pour autant de sectes gnostiques.

divers signes et sceaux mystiques de ces différents degrés

L'eucharistie sous les deux espèces et l'emploi de l'huile de baume pour les onctions font aussi partie de son organisation cultuelle.

Il semble que l'Arbre gnostique se soit épuisé en donnant l'immense et glorieux rameau, où nous venons de poser un instant notre pensée. Il n'en est rien pourtant. D'autres rameaux vont surgir, qui porteront des sèves nouvelles et produiront de nouveaux fruits. Ce sont d'abord les Ophites et leur chef Euphrate, dont la profonde théosophie se complètera de tendances universalistes. Sans positivement revenir au judaïsme, ils lui emprunteront quelques conceptions et s'attacheront à déterminer une fusion harmonique entre les données de l'ancienne Loi, le magisme des Chaldéens et la mystique de Platon. Pour eux d'ailleurs, aussi bien que pour Valentin et ses prédécesseurs, tout découle d'un principe unique, infini, conçu par la raison. (1) Tillemont voit en eux les « docteurs du Manichéisme. » Ils semblent en effet avoir pris à tâche d'imprimer à la doctrine une certaine extension dans le sens démiurgique et ils donnent une véritable éonologie de l'Hebdomade. Leur Démiurge, c'est Ialdal-

(1) Proudhon.

baoth, généré par les Ténèbres, père lui-même d'Iao ou Jéhovah, qui engendra à son tour Sabaoth, qui engendra Adonaï, qui engendra Eloï, qui engendra Ouraios, qui engendra Astaphaios.

C'est Iadalbaoth qui crée l'homme, mais il devient jaloux de sa créature en la voyant monter dans la lumière et de cette jalousie naît Sathan Ophiomorphos, comme, dans le Plérome, Achamoth naît du désir de Sophia.

Cet Ophiomorphos devient le tentateur et le mauvais génie de l'homme. Il faut le vaincre en lui opposant le serpent d'airain, le génie de la science du Bien et du Mal, autrement dit la Sainte Gnose. De là le nom du groupe, et aussi l'emploi du serpent, dans leurs cérémonies, mais à titre de pur symbole, bien entendu.

La petite branche des ANTITACTES, qui vient ensuite, n'eut qu'une importance très secondaire. Antijudaïsants, à la façon des Caïnites, ils auraient poussé la haine de Jéhovah plus loin encore que ces derniers : les Pères de l'Eglise les accusent en effet d'avoir pratiqué ouvertement l'adultère, par la raison que le Dieu de Moïse le condamne. Mais l'accusation est suspecte.

PRODICUS, d'Egypte, et les Adamites, ses disciples, constituent un rameau fort original, que Beausobre, par un étrange anachronisme, confond avec les Manichéens. Il ne faut pas les prendre davantage, comme il le fait aussi pour les Cathares d'Allemagne, les Patarins d'Italie et les Turlupins des Pays-Bas.

Leur nom d'Adamites provient d'un concept cultuel, qui peut sembler bizarre, si l'on se place au point de vue des mœurs actuelles, mais qui avait certainement son côté esthétique. Ils se mettaient, pour prier, en état de complète nudité, prétendant qu'aucun ornement ne vaut aux yeux de l'Eternel la beauté du corps humain, que d'ailleurs Adam et Eve étaient nus dans le Paradis. Usage qui ne les empêchait pas du reste de vivre fort souvent en état de continence absolue, comme Clément d'Alexandrie lui-même le déclare. Saint Epiphane, qui n'est pas suspect d'indulgence, ajoute qu'ils chassaient de leur secte ceux qui tombaient dans la luxure.

Parmi leurs livres de prédilection, on cite les *Interrogations de Marie*, ouvrage qui pourrait bien n'être autre chose que la *Pistis Sophia* de Valentin. Ils avaient aussi, à ce qu'il paraît, un Evangile d'Ève, et un autre Evangile dit *de perfection*. On les accuse d'avoir pratiqué la communauté des femmes. Mais c'est le reproche qu'adressent invariablement les Pères à toutes les sectes, qui n'ont pas admis l'indissolubilité du mariage.

Montanus, d'Ardaban (Phrygie), en dehors de l'idée du prochain avènement du Paraclet, dont il ne cesssait d'entretenir ses disciples, ne semble pas avoir fait florir l'Arbre gnostique d'aucun dogme nouveau. Ce qu'il rénova, — et il le fit avec passion, — ce fut le culte et la morale. Des jeûnes nombreux, l'abstinence absolue de l'œuvre de chair, la xérophagie furent imposés aux croyants. La communion ne se fit plus que sous les espèces du pain et du sel.

Renan veut qu'à leurs mystères se mêlât un élément orgiastique et corybantique (1) Ce qu'il y a de certain, c'est que ce sont eux, qui instaurèrent la cérémonie des Pleureuses, qui, à quelques égards, rappelle notre Consolamemtum. Sept vierges vêtues de blanc et portant des flambeaux entraient dans l'Eglise en poussant des gémissements. Tous les fidèles pleuraient avec elles, et des cris fatidiques s'exhalaient de leur sein

Les Montanistes pratiquaient le baptême par immersion, le néophyte étant complètement nu. Ils se livraient volontiers aux œuvres théurgiques, possédaient le don d'incantation et de prophétie et recherchaient éperdûment le martyre. La ville de Pépuze, en Phrygie, détruite aujourd'hui, était leur cité sainte. Les fidèles s'y rendirent de tous les points du monde et ne tardèrent pas à y constituer un groupe nombreux, qui rayonnera bientôt sur l'Asie tout entière et même sur une partie de la Gaule.

(1) E. Renan. Orig. Christ,

Montanus était toujours accompagné, au cours de ses missions apostoliques, de deux jeunes femmes, Priscilla et Maximilla, qui avaient pour lui une tendre affection et qui le soutenaient de leurs prophétiques et consolantes paroles.

Quelque pure qu'ait été la religion de Montanus, elle n'en fut pas moins en butte aux calomnies des Pères. Cyrille accuse les Saints de Pépuze de célébrer leur pâque, en coupant un enfant en petits morceaux, qu'ils dévoraient, après les avoir au préalable saupoudrés de farine. Saint Isidore déclare Montanus personnellement convaincu d'adultère : or, il était eunuque! Ces croyants, qui scellaient si volontiers leur foi de leur sang, avaient horreur de répandre celui des autres. Ils allaient, dans ce sentiment, jusqu'à refuser le service militaire. Exemple qui ne sera pas perdu, et qui treize siècles plus tard portera ses fuits avec Georges Fox et les Quakers, véritable réincarnation de Montanus et des Saints de Pépuze (1).

On sait que le Montanisme fit une illustre recrue dans la personne de Tertullien, qui pour ce motif échappa à la canonisation. D'après Tillemont, le pape Victor lui-même aurait été un

---

(1) Justifiée à la fois par l'essence de la pensée évangélique et par le critérium de Kant, cette doctrine est philosophiquement indiscutable. Récemment renouvelée par les Doukhobortsi de Russie, elle a eu l'approbation implicite de ce grand humanitaire, qui s'appelle le czar Nicolas.

moment l'un de ses adeptes. La petite église subsista d'ailleurs jusqu'à la fin du VI° siècle et produisit les divers rameaux qui s'appellent les Phrygastes, les Cataphryges, les Pépuziens, les Tascodrugites, les Quintilliens et les Artotyrites.

Le rameau des Encratiques, avec Tatien, d'Assyrie, pour protagoniste, se rapproche du précédent, non seulement par la date, mais aussi et surtout par l'esprit de continence et de renoncement. De là leur nom d'Encratiques, c'est-à-dire Continents. Ils proscrivent l'usage de la viande et du vin. Dans le Sacrifice même ils n'emploient que l'eau, ce qui explique le nom d'Hydroparatastes qu'on leur donne quelquefois.

Plus épris de doctrines que les Montanistes, ils formulent à nouveau un dogme depuis longtemps immuable dans la Gnose, à savoir la subordination de la puissance créatrice à la puissance absolue, du Démiurge à Bythos. Ils proclament aussi la pure apparence du corps de Christos.

De la Mésopotamie, où il prit naissance, le rameau encratique se diffusa en Cilicie, en Asie-Mineure, à Rome, en Gaule. Parmi les disciples de Tatien, on cite Julius Cassien, qui rêvait, dit-on, la suppression des sexes, et Sévère, apôtre des Sévériens, qui considéraient saint Paul comme un dangereux hétérodoxe, opinion reprise en sous-œuvre par les Esséniens modernes (1).

Hermogène admet l'éternité de la matière inorganique. Dieu l'organise, mais elle enfreint constamment les lois qu'il lui impose. C'est une conception nouvelle du Démiurge, mais au fond c'est toujours le même dogme d'une puissance étrangère à Dieu, maladroite ou criminelle, générant le Mal. Hermogène eut deux disciples qui le continuèrent, Hermias et Séleucus.

Vers 180, l'Arbre gnostique jeta un vaste rameau du côté de l'Occident. Il semble que la Providence ait condensé en lui toutes les sèves restées à peu près improductives de ce côté-là, jusqu'à l'époque où nous en sommes. Il s'agit de Marc et des Marcosiens, que par suite d'une analogie nominale, on a trop souvent confondus avec Marcion et les Marcionites.

Marc posait l'existence des deux Principes, affirmant le divin Quaternaire composé de l'Ineffable, du Silence, du Père et de la Vérité, et déclarait, comme la plupart des Pères de la Gnose, que Jésus n'était mort qu'en apparence et que la résurrection de la chair était un dogme illogique.

Telle est l'essence de sa doctrine. Nous y retrouvons tous les principes tant de fois formulés et c'est une preuve de plus de l'unité de notre

(1) Cf. les *Messies Esséniens*, par Garredi.

Foi. Marc, comme tant d'autres Gnostiques, pratiqua la Magie. C'est là un des crimes que l'Eglise de Rome ne pardonne guère (1). De là, toutes les violences vomies contre lui par saint Irénée et saint Jérôme. Un démon devait nécessairement l'assister dans ses prodiges !

Marc exerçait sur les femmes une fascination considérable. Mais rien n'autorise à croire qu'il en ait abusé. Il s'en servait pour les attirer dans son église, sachant combien la femme est un agent précieux en matière d'apostolat. On a bien parlé d'une sorte d'initiation mystérieuse qui consistait à introduire la profane dans une chambre nuptiale, où l'Initiateur procédait à des noces spirituelles reproduisant celles des Syzygies éoniques. Renan va même jusqu'à supposer le dialogue suivant entre Marc et la néophyte : « De moi tu vas recevoir la grâce. Dispose-toi comme une fiancée qui accueille son fiancé pour que tu sois ce que je suis et que je sois ce que tu es. Prépare ton lit à recevoir la semence de lumière. Voici la grâce qui descend en toi. Ouvre la bouche. Prophétise.

— Mais je n'ai jamais prophétisé. Je ne sais pas prophétiser !

— Ouvre la bouche, te dis-je, et parle. Tout ce que tu diras sera prophétie. »

Fût-il authentique, ce dialogue n'impliquerait

(1) E. Renan.

en somme qu'une théurgie très acceptable, analogue à celle qui se pratique encore aujourd'hui en diverses sectes orientales, n'ayant d'ailleurs rien de commun avec la Gnose. On raconte qu'au moment du sacrifice (1), Marc prenait un calice plein d'eau pure et qu'à la suite d'une fervente invocation, l'eau se changeait en sang.

Les Marcosiens faisaient dans leurs cérémonies des onctions d'huile de baume et en composaient ce qu'ils appelaient des *Apolytroses* ou *Rédemptions*.

Ce sont eux les premiers qui parmi les Gnostiques se donnèrent, croyons-nous, le titre de *parfaits*, déclarant « qu'ils avaient bu la plénitude de la Gnose de l'ineffable vertu. »

Les Marcosiens s'étendirent du Rhône à la Garonne, eurent un centre religieux à Autun, ainsi qu'il appert de l'inscription grecque de l'Ἰχθύς, dont nous avons donné une étude dans l'*Initiation*, et franchirent même les Pyrénées, si l'on en croit Tillemont.

A ce puissant rameau du Marcosisme, il faut peut-être rattacher le médecin Alexandre et Alcibiade le Phrygien, qui édifièrent longtemps les Lyonnais par leurs pieuses pratiques et auxquels l'œuvre de la création inspirait une profonde horreur (2).

(1) De la Magne.
(2) E. Renan.

Quant aux Archontiques, ils nous paraissent, en dépit de Tillemont, ne dériver que très indirectement des Marcosiens, s'il est vrai qu'ils considéraient la femme comme l'œuvre de Sathan. Au reste, ils ne s'éloignèrent guère de la Crète et de l'Arménie, où ils avaient pris naissance. Le seul point qui nous intéresse, c'est qu'ils admettaient une sorte de résurrection de l'Ame.

Il nous faut revenir à l'Orient, où se développent à peu près en même temps que le Marcosisme, deux rameaux successifs, qui méritent une place honorable en cette nomenclature.

Ce sont d'abord les Théodotiens, nommés ainsi par suite de la synonymie de leurs deux Apôtres, Théodote le Corroyeur et Théodote le Banquier. Les Pères les ont accusés d'avoir rejeté la divinité du Verbe, mais il est plus probable que, comme leurs prédécesseurs, ils considéraient Jésus ainsi que le réceptacle momentané de l'influx divin. Leur originalité consiste surtout à avoir introduit dans l'hagiographie gnostique le grand nom de Melchissédec.

Praxéas, qui vient ensuite, se prononça contre la trinité de la doctrine romaine, et s'efforça de placer la Gnose sur le terrain purement philosophique, en donnant aux Eons une existence idéale. Mais, au fond, son hétérodoxie n'est qu'apparente. Entre les Eons de Valentin et les idées vivantes de Platon, qui étaient aussi celles de Praxéas, il n'y a qu'une différence de mot.

Après les Théodotes et Praxéas, l'Arbre gnostique resta un long siècle improductif. Il ne semble pas, en effet, que pendant cet intervalle, le moindre bourgeon ait jailli de son écorce. On dirait qu'il se recueille, se concentre, épure et fortifie sa sève, en vue de quelque prochaine et imposante parturition. On vit, en effet, vers la fin du IIIe siècle, un immense rameau s'élancer d'un seul jet de la paroi orientale du vieil Arbre, rameau qui devait porter quelques-unes des fleurs les plus radieuses et des fruits les plus savoureux, que la Sainte Gnose ait donnés jusqu'ici.

Nous avons nommé MANÈS et le MANICHÉISME.

Un Arabe appelé Scythien, possesseur d'une fortune considérable, était venu s'installer à Alexandrie pour y étudier l'occultisme. Il y écrivit quatre livres qu'il légua à son disciple Térébinthe. Celui-ci se retira en Perse, où il devint l'époux d'une riche veuve, à qui il laissa en mourant les livres de Scythien.

Si nous ne sommes pas fixés sur le lieu de naissance du grand ancêtre de l'Albigéisme, nous le sommes moins encore sur son nom. S'appelait-il Corbicius ou Cubricus, comme d'aucuns le prétendent, Urbicus comme l'affirme saint Augustin, Carcubius, comme l'avance Beausobre? Car ce n'est guère qu'au moment de son apostolat qu'il paraît avoir pris le nom de Manès, le Penseur, la Pensée vivante (de min, men, *mens* en latin) ou de Manichée, le Consolateur, le Paraclet (de *Manahem*, en hébreu). Né dans l'esclavage, il fut acheté par la riche veuve, qui avait hérité des livres de Scythien et qui en fit don à son jeune ami.

Manès paraît s'être établi vers cette époque à Séleucie ou Ctésiphon. Son existence ne nous est malheureusement qu'insuffisamment connue. Les Pères nous parlent de ses discussions théologiques avec Marcel, personnage consulaire, et surtout Archélaüs, évêque orthodoxe de Cascar, et de leurs récits ressortent à la fois la courtoise modération du Chrétien laïque et la brutalité sans frein de l'homme d'église. (1) Il est bien possible, sans que le fait soit historiquement établi, que Manès ait accompagné comme médecin le roi Sapor, au cours de ses expéditions militaires. C'est là qu'il aurait puisé et entretenu cette sainte horreur pour la guerre, qui constituera un des points esssentiels de sa morale.

Dans ces sentiments, il ne pouvait manquer d'encourir la disgrâce du prince, d'autant plus que ses humanitaires envolées s'aggravaient de prédications évangéliques. Poursuivi par les colères de Sapor, Manès dut se réfugier au château d'Arabion.

(1). **Beausobre**.

Mais il retrouva plus tard quelque crédit, sous Hormisdas successeur de Sapor. En 273 Bahram succéda à Hormisdas, Manès fut de nouveau persécuté pour avoir confessé le nom du Christ. Ce fut certainement sous ce roi qu'il conquit la gloire du martyre.

Les historiens ne sont pas d'accord sur la nature de son supplice. D'après saint Epiphane, il aurait été écorché vif avec des pointes de roseau et sa peau aurait été ensuite emplie de paille. D'autres veulent qu'il ait été crucifié et que son corps coupé en deux ait été placé aux deux portes de la ville.

Il nous reste à parler de la doctrine, de la morale et du culte prêchés par Manès et ses disciples.

Manès élargit encore l'éonologie de Valentin, pourtant déjà si vaste et si profonde. « Dieu, dit-il, était dans le ciel suprême accompagné de ses bienheureux Eons, dont *on ne saurait compter le nombre* ni marquer la durée ».

Les Eons remplissent tout : hors du Plérome, il n'y a que l'Ombre, le Vide, le Kénome. (1) Pour Manès, Dieu a fait de toute éternité le monde invisible dans lequel il réside. L'autre, le monde visible, est l'œuvre du temps. Il est imparfait, corruptible et doit disparaître un jour.

---

(1) Beausobre.

Toutes les âmes seront sauvées, parce que toutes sont faites de la substance céleste.

Le Serpent de la Genèse n'est autre que le Christ, l'Esprit divin, le Dieu de la totale connaissance. Il est absurde de croire que l'Eternel ait défendu à l'homme de goûter au fruit de l'Arbre de la Science. La plupart de nos maux viennent de la concupiscence, qui dérive elle-même de la Matière, où l'Ame humaine est tombée, mais d'où elle doit sortir triomphante.

Manès et ses disciples, notamment Hiérax et Papus, furent les moralistes de la Gnose. Ils ont cette gloire d'avoir achevé l'œuvre des Carpocratiens, des Ophites et des Marcosiens, en prêchant qu'en dehors de la morale relative, transitoire, conventionnelle, il est une morale absolue, éternelle et fixe. C'est cette morale qui leur faisait condamner la guerre, comme attentatoire au précepte du Décalogue : *Non occides !* et contraire à la doctrine de celui qui commanda à Pierre de remettre l'épée au fourreau. Constatation étrange ! cette haine de la guerre est une des choses que leur reproche le plus véhémentement saint Augustin. Il ne semble pas d'ailleurs que la parole de Jésus ait jamais eu un écho bien vibrant au sein de l'église catholique. Je vois au contraire la plupart de ses pontifes célébrer les louanges de l'affreux Sabaoth et se vautrer aux pieds des conquérants, de Clovis à

Charlemagne et de Charlemagne à Napoléon, quand ils ne pratiquent pas eux-mêmes directement la tuerie humaine, comme Richelieu, de Sourdis et Lavalette ! (1)

Saint Augustin accuse également les Manichéens d'avoir l'horreur de la conception et d'user systématiquement de leurs femmes de façon à n'en avoir pas d'enfants. L'accusation est peut-être un peu risquée, bien qu'elle ait été renouvelée par le pape Léon Ier, mais il est bien certain que pour les disciples de Manès, l'union sexuelle, lorsqu'elle était féconde, était considérée comme une collaboration à l'œuvre du Mauvais Principe.

Les documents sur le culte célébré par les Manichéens nous font défaut, mais il est plausible de l'imaginer analogue à celui que célébreront plus tard les Albigeois, leurs descendants directs. Ils avaient des temples ornés du Serpent symbolique, sous la forme de l'Ouroboros, ou peut-être enroulé autour de la Croix ansée. Ils pratiquaient une eucharistie restée jusqu'ici mysté-

---

(1) Il semble toutefois qu'au sein même de l'Eglise romaine orthodoxe, il y ait une tradition vraiment évangélique. La manifestation en est malheureusement trop rare. Rappelons à ce propos les nobles paroles de Waso, évêque de Liège, à son confrère de Châlons, qui l'engageait à exterminer les hérétiques : « Imitez le Sauveur ; tolérez ceux qui s'écartent de la vraie foi. Ce qui n'est que poussière ne doit pas juger la poussière. Ne cherchons point à ôter la vie aux pécheurs par le glaive séculier ; car nous, qui nous intitulons évêques, *nous n'avons pas reçu dans notre ordination le glaive des enfants du siècle.* » Ce saint pasteur vivait au temps du roi Robert. (Cit. par Henri Martin. Hist. de Fr.)

rieuse, que les Pères de l'Eglise, selon leur aménité traditionnelle, traitèrent d'abominable débauche, soit que ces pieux Romanicoles aient pris au pied de la lettre quelque texte de rituel, soit qu'ils aient inventé de toutes pièces leur calomnie. (1) Quant au costume sacerdotal de Manès, on sait qu'il se composait de chaussures mi-partie blanches et vertes, image probable des deux Principes et d'un manteau multicolore (l'ἱμάτιον ἀνθινόν, dont parle Strabon.)

L'initiation manichéenne comportait trois sceaux (2), l'un sur la bouche pour signifier la pureté de leurs paroles, l'autre sur les mains pour attester leur innocence, le troisième sur le sein comme symbole de la sainteté de leurs mœurs. Les Manichéens établirent douze disciples et un patriarche. Ces disciples élurent soixante-douze évêques, qui, eux-mêmes étaient chargés d'élire les prêtres et les diacres.

Le Manichéisme avait déjà eu de nombreux adeptes du vivant de Manès, mais quand sa doctrine eut reçu la consécration de son martyre, elle s'étendit jusqu'aux confins les plus lointains. L'Inde elle-même eut son apôtre manichéen, dans la personne de ce Thomas, qu'on a souvent confondu avec le disciple incrédule de l'Evangile.

(1) Beausobre.
(2) P. Blanc. Théol.

Priscillien, qui porta la bonne nouvelle en Espagne vers la fin du ive siècle, ne fut vraisemblablement qu'un rameau détaché du manichéisme. Il était de haute naissance et possédait un remarquable talent d'orateur. Tour à tour combattu par Idace, évêque de Mérida, et par Hygin, évêque de Cordoue, que Priscillien eut le don de gagner plus tard à la Gnose, puis condamné comme hérétique par le concile de Saragosse, il est enfin ordonné évêque de Labile par Instantius et Salvien. Les nombreuses conversions qu'il opère excitent la fureur de ses ennemis (1); Idace et Itace font appel contre lui au pouvoir séculier et, malgré l'intercession de saint Martin, il est traîné à Bordeaux avec quelques-uns de ses disciples et condamné à mort. Le martyrologe gnostique s'augmenta d'un nouveau saint et comme au temps de Manès le sang du Martyr fit épanouir de nouvelles floraisons. C'est de cette époque probablement que date la prédication de la Gnose en Allemagne et en Bohême. On sait en effet que ces contrées comptaient encore beaucoup de Priscillianites au vi^e siècle, puisqu'un concile tenu à Prague jugea nécessaire de renouveler contre eux les foudres du concile de Saragosse. Si l'on s'en rapporte au texte des divers jugements qui les ont condamnés, la Gnose cultuelle des Priscillianites

(1) Pluquet. Dict. des Hér.

était un ressouvenir des Adamites ; comme eux ils priaient nus. Quant à leur doctrine, elle paraît avoir reproduit celle de Manès. On sait que Priscillien exerçait, comme Marc, une sorte de fascination sur les femmes, par son génie et sa beauté, ce qui contribua puissamment à multiplier autour de lui les prosélytes.

Nous allons entrer maintenant dans une période de longue infécondité. L'exubérante virtualité qui a produit tant et de si beaux rameaux chargés de si luxuriantes floraisons, s'arrête brusquement, comme si une force mystérieuse avait soudain paralysé le vieil Arbre gnostique (1) et tari en lui la source de la vie. Car c'est à peine s'il y a lieu de citer les quelques maigres brindilles, les quelques groupes diffus qui vont se succéder du vᵉ au xᵉ siècle, plutôt parasites de la Gnose que chair de sa chair, plutôt lichens et fongosités sporadiques que vivaces rameaux. (2)

Tels les Circoncellions, qui poussent la fureur du martyre jusqu'à le remplacer par le suicide (3), quand il ne vient pas à eux, les Audiens, qui adorent un Dieu anthropomorphe, les Macé-

---

(1) Il faut faire une exception pour le magnifique rameau de l'Albigéisme, qui prit peut-être naissance dès le iiiᵉ siècle et qui grandit dans l'ombre pendant de longues années, mais qui n'eut son épanouissement complet qu'au xiiiᵉ siècle. Nous en parlerons plus loin.
La même observation, à quelques réserves près, doit s'appliquer au Valdéisme.
(2) Cf. Matter. Hist. du Gnost.
(3) César Cantu. Hist. Univ.

doniens, qui nient que le Saint-Esprit soit coéternel au Père, les Apollinariens, qui contestent l'existence de l'âme humaine dans le Christ, les Lucifériens, qui prêchent un rigoureux ascétisme, les Messaliens, qui condamnent le travail manuel, les Joviniens, qui proclament l'égalité de tous les mérites, les Vigilanciens, qui proscrivent le culte des Martyrs, les Jacobites, qui donnent naissance à l'Eglise Copte, les Corrupticoles, les Phantasiastes, les Agnoïtes et mille autres (1).

Nous n'avons à parler, bien entendu, ni des Novatiens, qui ne nous présentent qu'un montanisme amoindri, ni d'Arius, que son Gnosticisme étroit, — il ne reconnaît que deux émanations, — détache complètement de notre sainte tradition, ni de Nestorius, qui considère le Christ, comme un homme déifié, ni surtout d'Eutychès qui veut que la Divinité ait souffert dans Jésus.

Nous aimerions mieux nous arrêter un instant au noble et vaillant Synésius, ce tendre ami d'Hypatie, ce fier patriote, que ses concitoyens forcèrent à accepter le siège épiscopal de Ptolémaïs, et qui sut garder dans l'exercice de ses fonctions officielles, toute la pureté de ses personnelles croyances et toute l'ardeur touchante de ses familiales affections. Notre Rituel a conservé une partie de ses hymnes et son nom oc-

(1) P. Blanc.

cupe un rang honorable dans l'hagiographie gnostique.

Nous le répétons, la Gnose va entrer dans une longue période de douloureuse stérilité. Mais le Saint Arbre n'en périt point pour cela. Il monte silencieusement à travers les ténèbres qu'épaississent autour de lui la décadence byzantine et l'absolutisme papal, pareil à ces tiges prisonnières, qui du fond des caves s'élancent, droites et fermes, sans bourgeons ni rameaux, jusqu'à ce qu'elles aient trouvé la clarté du ciel à travers l'ouverture du soupirail.

Voici venir la grande éclosion, le superbe et glorieux rameau, rougi du sang de tant de martyrs et qui devait porter tant de vertes espérances et tant de blanches floraisons ! C'est du côté de la France qu'il s'essora tout d'abord et vint nous consoler, par ainsi, de toutes ces interminables périodes de ténèbres et de silence. L'Orient a donné à la Gnose tout ce qu'il pouvait lui donner : c'est le tour de l'Occident désormais. C'est à l'Occident de nourrir les sèves du vieil Arbre, d'épandre sur lui les trésors de son doux ciel et de faire monter le long des fibres du chêne sacré les ardeurs vivifiantes de son sol vierge !

N'exagérons pas toutefois la gloire de notre cher pays. La Gnose, nous l'avons vu, l'avait déjà visité avec Marc et ses disciples, avec Priscillien et bien d'autres peut-être dont le nom s'est perdu, mais dont l'œuvre ne demeura point féconde. Ce serait faillir à notre devoir de véridique historien que d'affirmer que l'ALBIGÉISME, — car c'est de lui que nous voulons parler, on l'a compris, — jaillit tout entier des entrailles de la France. Il est probable qu'il y eut, sur divers points de l'Europe, de modestes groupes, de petites chapelles, qui gardèrent pieusement la semence de Vérité, et que c'est d'elles que sortit ce magnifique mouvement des XIIe et XIIIe siècles, dont nos provinces du Midi furent le théâtre.

Il ne faut pas oublier que les BOGOMILES prêchèrent la doctrine cathare à Constantinople au XIe siècle, et que l'évêque Basile, leur chef, y reçut la couronne du martyre sous l'empereur Alexis Commène; que, vers cette même époque, un évêché gnostique fut fondé en Dalmatie, tandis que la Gnose pénétrait en Italie, avec l'apôtre Gundulf et l'évêque Girard. Il y eut même, à Milan, un auto-da-fé de cathares.

D'ardents missionnaires se répandirent bientôt en Aquitaine, en Poitou, en Champagne, en Flandre et dans l'Orléanais. Orléans avait eu, dès le commencement du XIe siècle, son rameau gnostique. Une sainte femme venue d'Italie, disciple probablement de Gundulf, y avait apporté nos doctrines. Il arriva ce qui arrrive toujours, lorsque la femme se fait apôtre ; les prosélytes affluèrent. Plusieurs membres du haut clergé catholique se convertirent, notamment Lisois, religieux de Sainte-Croix, Etienne, écolâtre de Saint-Pierre, ancien confesseur de la reine Constance, Théodore et Herbert, leurs amis.

Les cathares d'Orléans procédaient directement de Manès. Dualistes et Docètes, comme lui, ils apportèrent un grand courage dans l'affirmation de leurs croyances, se recommandant par une extrême pureté de mœurs (1) et une probité bien rare, en cet effroyable an Mille que tant d'épouvantements et d'horreurs signalèrent.

Richard, duc de Normandie, institua un violent réquisitoire contre eux, auprès du roi Robert, son suzerain. Le débonnaire et trop faible époux de Constance se chargea lui-même de les interroger (2) et voulut, par la terreur, essayer de les ramener dans le giron catholique. Mais il se heurta à d'inébranlables convictions. Lisois et ses compagnons appelaient de tous leurs vœux le martyre dont on les menaçait.

Ils furent satisfaits. C'est en chantant des hymnes qu'ils marchèrent au supplice. L'hécatombe se composait de treize victimes. C'est la première qui fut offerte en France au minotaure sacerdotal. Combien la suivront, hélas !

(1) H. Martin, *Histoire de France*.
(2) Raoul Glaber, *Chr.*

On raconte que l'affreuse Constance reconnaissant son confesseur, qui marchait en tête du cortège, se jeta sur lui comme une furie, et lui creva un œil avec la pointe d'une badine. Horrible férocité que neuf siècles plus tard devait renouveler à Paris une noble dame du quartier Monceaux, au cours des représailles anticommunalistes !

La malignité publique avait fait peser sur ces glorieux martys les mêmes accusations que sur les Nicolaïtes et les Marcosiens. On prétendait qu'ils pratiquaient les plus abominables débauches, égorgeaient les petits enfants et se nourrissaient de leur chair. Lamentables redites de l'histoire ! Toujours les mêmes haines sauvages contre ceux qui savent mourir pour leur idée, toujours les mêmes retours à l'atroce animalité primitive !

Le maître livre, ou pour mieux dire la vibrante épopée en prose, que Napoléon Peyrat a consacrée aux Albigeois, est, comme tout poëme, une œuvre où la fantaisie tient trop de place. L'auteur n'a pas saisi le lien étroit qui rattache ses héros à la Gnose orthodoxe. Possédé par le désir de créer un livre épique, qui tînt tout entier dans la période qui s'étend de la mort de Pierre de Castelnau au concile de Latran, il n'a point vu que l'histoire des Albigeois n'était qu'un acte, — le plus beau, il est vrai, — du grand drame émouvant, qui commence à Simon le Mage, et qui ne finira qu'à la fin des siècles, ou plutôt, pour conserver jusqu'au bout notre image, le plus majestueux rameau de l'Arbre, qui a sa racine dans les profondeurs de la Raison divine et dont la cime touche le ciel.

Peyrat prétend que les Albigeois ne procèdent ni de Bardesanes, ni de Basilide, ni de Valentin. C'est à peine s'il leur reconnaît une vague parenté avec celui qu'il appelle « le poétique Marcion ». Il n'en reconnaît pas moins d'ailleurs que leur Christianisme est une « connaissance » et non un sacrifice et que leur chef était le Verbe enseignant et non l'Homme-Dieu souffrant, qu'ils repoussent le Jéhovah hébreu, la Bible moïsiaque, et qu'enfin, comme les Manichéens, ils adoraient le Mani, c'est-à-dire le Saint-Esprit.

Mais ces différents points ne sont-ils pas la substance même de la doctrine des apôtres gnostiques, auxquels Peyrat veut que les Albigeois soient étrangers? Il suffit, pour répondre, de parcourir notre exposé. Oui, les Cathares d'Albi, les martyrs de Montségur et de Béziers, les Guillabert de Castres, les Vigoros de Bocon, les Esclarmonde de Foix, sont bien les descendants directs de Simon et de Valentin !

Il est vrai du reste, selon ce que l'auteur affirme ailleurs, que le christianisme albigeois n'est ni dans la tradition juive de saint Pierre, ni dans la tradition gréco-romaine de saint Paul, et que, si ces vénérés gnostiques relèvent d'un apôtre, c'est uniquement du mystique saint Jean, « le plus platonicien et le plus oriental de tous les disciples de Jésus. » Mais cette assertion même ne confirme-t-elle pas singulièrement notre dire? Si Basilide, si Bardesanes, si Valentin furent chétiens, ce n'est, j'imagine, ni à la manière de saint Paul, ni à la façon de saint Pierre. Eurent-ils un autre évangile que celui de saint Jean?

La région qui s'étend entre la Méditerranée, les Pyrénées, la vallée du Tarn et le cours supérieur de la Garonne était désignée entre toutes pour devenir le théâtre d'une rénovation religieuse. En cette contrée s'était mêlé le sang ibérien, gallique, romain, sarrasin et gothique, (1) c'est-à-dire qu'elle était devenue un foyer de puissante intellectualité. Dès 1167 un concile d'évêques manichéens s'était tenu à Toulouse, sous la présidence de Nicétas de Constantinople. De nombreux assistants y étaient venus des confins de la Bulgarie, de la Hongrie, de la Bohême peut-être, où la Gnose orientale n'avait jamais cessé d'avoir des autels, depuis Tatien et les Encratiques.

Un des pères les plus immédiats du Gnosticisme albigeois, c'est le saint personnage Éon de l'Es-

(1) Michelet, *Hist. de France*

toille, —nom prédestiné! — qui après avoir longtemps vécu en ermite dans la forêt de Brocéliande, y entend un jour une voix mystérieuse, celle de Merlin l'Enchanteur, qui lui dit d'aller à la messe (1) et d'écouter les premières paroles de l'Evangile. Or, ces paroles furent les mots : *Per Eum qui venturus est!* Eon se crut désigné par le mot *Eum*, qui semblait la latinisation de son nom. Il abandonne à tout jamais sa cellule et sa forêt, prend son bâton et parcourt la France, en prêchant la sainte Gnose. Il ne tarda pas à réunir de nombreux disciples.

Notre intention n'est pas de raconter ici l'histoire de l'Albigéisme. Cet écrit, encore une fois, n'est qu'un simple exposé de doctrines, une tentative de synthèse dogmatique, rien de plus. Pour les événements du grand drame, nous nous bornerons à renvoyer nos lecteurs au livre de Peyrat, qui, sous le rapport purement historique, est une œuvre de profonde vérité et de haute conscience.

Une réunion des Amis de Dieu eut lieu vers 1208, à Montségur, sous la présidence du patriarche Guillabert de Castres. C'est là qu'on dut arrêter les points essentiels de la doctrine et les détails de la liturgie. La hiérarchie albigeoise admettait deux degrés dans le sacerdoce : le diaconat et l'épiscopat. L'évêque avait pour acolytes

---

(1) Michelet, *Hist. de France.*

deux grands vicaires, le Fils majeur et le Fils mineur. Une place d'honneur était faite à la femme, qui devenait parfois prêtresse du Paraclet, et qui dans tous les cas remplissait très souvent les fonctions de diaconesse. Cette admission de la femme aux charges religieuses est une preuve de plus de la parenté de l'Albigéisme avec les groupes gnostiques des trois premiers siècles. Les Cathares d'Albi ne font en cela que continuer Simon, Marc et Priscillien.

La petite ville de Montségur devint dès lors la Rome gnostique. Son abrupt et sauvage Plateau fut le mont Capitolin des Manlius de la sainte armée cathare, « le siège du Sacerdoce, l'asile des faydits, le refuge des hospices, des écoles. » (1)

La doctrine de Albigeois, nous le répétons, est absolument conforme, quant à ses grandes lignes, à celle des primitifs apôtres. Un Dieu inconnu, inconcevable, se manifestant par son Christ, qui a jailli comme l'aurore des profondeurs de son Essence. (2) Sa mère, ce n'est point Marie, mais Mani, la Pensée divine. Le corps du Christ était purement sidéral. C'est Lucibel, sorte d'ange déchu, le Démiurge des Valentiniens, qui a formé le monde. Il est à propos de remarquer que les Albigeois, comme le fait d'ailleurs Synésius dans ses hymnes, donnent

(1) N. Peyrat. Op. cit.
(2) Ibid.

le nom de Démiurge (Demiourgos) à Dieu considéré comme Fils émanateur d'âmes. Simple convention verbale, qui ne change rien aux concepts théologiques. Le Christ doit un jour ramener au ciel Lucibel réhabilité. Le Paraclet est le consolateur promis, « le régénérateur du Monde, le créateur de la perfection. » (1)

La morale des Albigeois était très pure. Il faut les classer parmi les groupes continents. Je sais bien qu'on leur a reproché d'avoir renouvelé et remis en pratique le fameux adage : *Ab umbilico ad pedes homo non peccat;* mais nous avons le droit de demander à leurs accusateurs s'ils ne nous citent pas un texte tronqué. Il suffirait en effet qu'il y eût à la suite deux simples mots : *contra Deum*, pour faire de la phrase l'expression d'une indiscutable vérité. C'est bien en effet exclusivement de la tête et du cœur que viennent les péchés contre Dieu, et non des sens.

Quant au culte, il présente toute l'imposante simplicité des Gnostiques primitifs. L'office avait lieu le dimanche. On y lisait l'Evangile de saint Jean, accompagné des commentaires de l'Officiant, puis on disait le *pater*. Puis venaient la cérémonie de la consécration, la Cène, le baiser de paix. La liturgie comportait un certain nombre de génuflexions, d'adorations silencieuses. Il n'y avait d'ailleurs ni musique instrumentale, ni

(1) Peyrat.

cantiques vocaux. On célébrait chaque année quatre fêtes solennelles :

1° *Nadal*, ou Noël, qui rappelait l'apparition du Christ dans le monde ;

2° *Pascor*, qui commémorait le retour du Christ au sein du Plérome ;

3° *Pentecosta,* qui avait pour but de rappeler l'avènement du Paraclet ;

4° *Manisola*, qui était une sorte de fête des morts, pendant laquelle on priait pour les égarés et les affligés, en appelant sur eux l'Esprit consolateur.

Il y avait quatre jeûnes annuels de quarante jours chacun. Les étrangers étaient admis aux agapes albigeoises, sans initiation préalable ; ils recevaient le pain et le vin consacrés et on accomplissait avec eux le rite suprême du baiser de paix. Cette généreuse hospitalité ne fut pas sans introduire plus d'un loup féroce dans le troupeau et hâta ainsi l'heure du grand martyre.

Nous nous tairons sur ces horreurs. Si nos lecteurs révoquent en doute le récit de N. Peyrat auquel nous les renvoyons une fois encore, ils pourront pleinement s'édifier en lisant le livre de Pierre de Vaux-Cernay, qui ne saurait être suspect de tendresse pour les Albigeois, j'imagine. Chacune de ses pages sue le sang.

Il nous reste un mot à dire d'un détail cultuel

qui fit passer les Albigeois pour sectateurs du paganisme, aux yeux de leurs ineptes contemporains. Les Albigeois proscrivaient la Croix comme symbole religieux. Cette coutume était absolument conforme à la saine doctrine gnostique : la croix, en effet, ne peut évoquer que le souvenir de Jésus mourant, c'est-à-dire de Jésus séparé de l'éon Christos. Il était important de ne pas laisser s'égarer la foi des Parfaits et des Parfaites, en divinisant un instrument de supplice que le divin corps astral n'avait pas touché. C'est au nom de la même logique et par la même mesure de prudence que les Vaudois rejetteront également le symbole de la croix, proscription que les protestants reproduiront plus tard, mais sans en comprendre la portée philosophique et religieuse.

Les Templiers ne se peuvent sérieusement rattacher à la Gnose qu'à partir de 1291, date de la chute de Saint-Jean-d'Acre et de leur départ de Terre-Sainte. Bien que le fond de leur doctrine émanât, dès l'origine, de la tradition Johannite, nous ne pouvons en conscience les revendiquer comme nôtres, tant que le massacre des Infidèles fut une de leurs préoccupations, pour ne pas dire de leurs occupations quotidiennes.

Il est malheureusement très difficile aujourd'hui de pénétrer jusqu'à leur vraie doctrine, à travers le faisceau d'accusations dressées contre eux par leurs ennemis, les unes sanglantes ou ignobles, les autres simplement grotesques. O. de Cruise, qui leur a consacré un curieux mémoire, fait judicieusement ressortir l'état d'âme de la papauté à l'époque de leur procès. « La cour de Rome, dit-il, protégea la philosophie d'Averroès, qui était une sorte d'athéisme. Ce même Pape, Clément V, qui laissait brûler les Templiers, refusait de faire brûler le Commentaire de cet Arabe sur Aristote. » On voit par là quel étrange esprit de parti animait la Cour romaine, contre les chevaliers du Temple.

Quant à ce fameux Baphomet, Baffomet, Baffometus, du grec βαφή μητοῦς, qu'ils vénéraient et qui les a fait passer pour idolâtres, ce pourrait bien n'être qu'une reproduction de l'emblème ophiomorphe des Ophites et des Manichéens. Un érudit allemand veut que le Baphomet soit un sphinx couché à figure de femme ; dans ce cas, il y aurait lieu de rattacher le Temple à l'orientation égyptiaque, au groupe valentinien peut-être.

Les historiens des Templiers citent certains détails de l'Initiation qui seraient plus qu'inconvenants au regard des idées actuelles, notamment la cérémonie des quatre baisers que devait donner le récipiendaire à l'Officiant, *in fine spinæ dorsi, in umbilico, in virga virili, in anu nudo sine medio.* Si cette étrange pratique a jamais été suivie, elle ne pouvait avoir d'autre but que d'inspirer au néophyte le mépris de sa chair et de symboliser sa soumission absolue aux règlements de l'Ordre.

C'était encore, sans doute, une cérémonie symbolique que ce crucifix sur lequel le néophyte devait marcher et cracher ; peut-être un moyen naïf de pénétrer son esprit de l'un des dogmes fondamentaux de la Gnose, à savoir que le Christ n'était plus en Jésus au moment de la passion, ou de lui prouver que Dieu était indulgent pour le reniement de bouche, selon la doctrine de Carpocrate et d'Elxaï, et que le grand péché c'était l'abandon du cœur. « Les péchés de l'esprit affectent beaucoup plus Dieu que les corporels, » dira plus tard le Janséniste Saint-Cyran.

Les détails du procès de 1311 laissent regrettablement subsister toutes les obscurités qui entourent l'histoire du Temple. Cinq cents chevaliers reconnurent pour vraies, au milieu des tortures, les accusations qu'on faisait peser sur eux (1) ; quelques-uns se rétractèrent ultérieurement. Mais où est la vérité ? Dans l'aveu ou dans la rétractation ? Les accusés, en vue d'abréger le supplice, ont pu reconnaître l'exotérisme de leurs pratiques, les baisers obscènes, le crucifix outragé, etc. Puis, plutôt que de développer la doctrine ésotérique, ou regrettant même d'avoir

(1) Vast, *Hist. de l'Europe.*

dévoilé leurs symboles, ils ont déclaré avoir menti. Telle peut bien être l'histoire de Jacques Molay et du Commandeur de Normandie.

Le concile de Vienne, qui condamna les doctrines des Templiers, fulmina également contre les *Spirituels,* qui considéraient Saint François comme une réincarnation du Christ, contre les *Béguins,* qui paraissaient être les vagues continuateurs de Carpocrate et enfin contre les *Fraticelli* ou *Frérots,* qui renouvelaient le communisme Gnostique d'Epiphane.

Nous arrivons à un rameau gnostique des plus persistants, des plus anciens peut-être, des plus intéressants à coup sûr : c'est le Valdéisme.

Le groupe peut remonter jusqu'au IIIe siècle de notre ère. (1) Formé par les chrétiens de la tradition johannite échappés à la persécution de l'empereur Décius, un premier noyau se serait constitué dans les vallées des Alpes, qui séparent la France de l'Italie. De là vraisemblablement leur nom de *Vaudois,* autrement dit les *habitants des vallées.* Le nom du grand apôtre du XIIe siècle, Pierre de Valdo, ne serait en ce cas qu'un simple surnom, Pierre le Vaudois. Ce nom présente du reste les formes les plus variées dans les auteurs : Valdo, Valdio, Baldo, Baldon, Valdensis, et même Falidisius. (2)

(1) Muston.
(2) Peyrat.

Charvoz, archevêque de Lyon, qui a écrit un ouvrage sur les Vaudois, ne veut pas que le groupe remonte au-delà de 1100. Mais son livre est un pur ergotage, qui ne saurait infirmer la commune opinion.

Les Vaudois sont parfois désignés sous le nom de *Pauvres de Lyon* et d'*Insabollali*. Le premier provint de ce qu'ils eurent un groupement nombreux en cette ville et de ce que Pierre de Valdo en était originaire. Le second s'explique par les pieuses extases, qui étaient coutumières à ces croyants, longues ivresses de l'âme, éveillant le souvenir du culte orgiastique de Bacchus *Sabazius*, et sans doute aussi du *Sabbat* magique, deux vocables, qui sont d'ailleurs bien proches parents. Le vulgaire mot de *sabot* aurait la même origine, les Vaudois étant généralement, par esprit d'humilité, chaussés de *souliers de bois*. (1) Il existe encore à Autun un ordre de religieuses, les Dames de la Retraite, que la langue populaire appelle les sœurs *Sabolles*. Ne serait-ce pas une réminiscence confuse des anciens Vaudois, inconsciemment enmagasinée dans ce cerveau du peuple qui ne laisse rien perdre ! Quoi qu'il en soit des origines du Valdéisme, ce qu'il faut dire à son los, c'est qu'il sut

---

(1) Littré déclare inconnue l'origine du mot *sabot*, et d'autre part les exemples d'emploi de ce mot qu'il cite sont tous postérieurs à l'apparition du Valdéisme.

conserver à travers les siècles toute la pureté de sa doctrine et de son culte primitifs. Les Vaudois dont M. d'Oppède fit, en 1545, un si complet massacre, grâce à la collaboration de ses honnêtes galériens et aux subsides du non moins honnête cardinal de Tournon, professaient identiquement la même foi que les croyants réunis dans les vallées italiennes, au temps de Décius.

Leur morale est des plus élevées. Comme les Manichéens, ils ont horreur de l'effusion du sang. La guerre est pour eux une chose si atroce, qu'ils considèrent comme assassins non seulement ceux qui combattent les Infidèles, mais même les papes et les évêques qui prêchent les croisades. Prononcer une sentence de mort ou la faire exécuter est un crime contre Dieu (1). Inexorables logiciens, ils adoptent la lettre et l'esprit de l'Evangile et refusent de prendre les armes, même en cas de légitime défense. Ils proscrivent le serment d'une façon absolue, exemple que les Quakers suivront plus tard. On a vu des Parfaits (car les Vaudois se donnaient aussi ce nom) affronter les supplices et la mort, plutôt que de jurer : le serment était considéré par eux comme une sorte de profanation du nom

---

(1) Ces religionnaires professaient dès le XII⁰ siècle la doctrine réputée moderne de l'unité du genre humain, de même qu'ils devançaient notre époque, eu niant la légitimité de la peine de mort, si barbarement prodiguée de leur temps.
(Sudre. *Hist. du Communisme*).

divin et comme une violence faite à sa volonté. Ils condamnent la propriété individuelle. Pour eux, l'humanité ne forme qu'une seule et unique famille. Le groupement des peuples en états distincts, en nationalités ennemies, est une absurdité. En somme, c'est le communisme de l'Evangile s'affirmant dans sa naïve sublimité. C'est l'utopie chrétienne marchant audacieusement vers sa réalisation.

Chez les Vaudois ainsi que chez les Albigeois, les Marcosiens, les Priscillianites, etc., etc., la femme peut exercer la plénitude du ministère. Ils s'opposent à ce que le baptême soit donné aux petits enfants, n'admettant pas qu'un être humain puisse être incorporé dans une église quelconque, sans le consentement de sa libre volonté. Le mariage est une union absolument libre ; les époux peuvent se quitter, lorsqu'ils le veulent.

Quant au culte, il se réduit à quelques cérémonies fort simples : la prédication, une confession, qui semble être fort analogue à notre Appareillamentum, et la consécration eucharistique. Cette consécration a lieu soit par la vertu des paroles évangéliques, soit, suivant Eberard de Béthune, par celle du *Pater* sept fois répété. Les Vaudois dénient tout pouvoir aux prêtres indignes. Ils méprisent les excommunications de l'Eglise catholique, déclarant que Dieu, le Pasteur suprême, peut seul exclure une brebis du troupeau.

Ce qui est capital dans la tradition vaudoise, et ce qui fait le plus grand honneur à cette sainte et glorieuse Église, c'est qu'elle a été la première à proclamer cette vérité QU'IL PEUT Y AVOIR DES PRÊTRES ORDONNÉS PAR DIEU ET QUE TOUT LAÏQUE QUI OBSERVE LA FOI DANS SON INTÉGRALITÉ PEUT RECEVOIR DIRECTEMENT DU CIEL LA CONSÉCRATION SACERDOTALE.

A l'exemple des Albigeois, les Vaudois n'admettent pas le chant dans leurs pratiques cultuelles.

Tels furent la morale, la doctrine et le culte des disciples de Pierre de Valdo, jusqu'au milieu du XVIᵉ siècle. Vers cette époque l'influence protestante fit quelque peu dévier l'orientation religieuse de ceux qui survivaient encore aux affreux massacres de 1545. Nous croyons toutefois qu'il existe encore dans le pays cévenol quelques modestes groupements, où la vraie tradition valdésienne a été pieusement conservée.

JEAN Huss doit être, lui aussi, revendiqué comme l'un des nôtres. Il sut au milieu de l'universelle désorientation religieuse produite par les désordres du grand schisme papal, indiquer la vraie voie aux Croyants. Il fut avant tout l'apôtre de la charité, s'efforçant de réunir les âmes dans un acte commun de foi et d'adoration. Ramener l'Eglise à la primitive simplicité des écoles gnostiques de Syrie et d'Egypte fut le rêve de son cœur et le but de toutes ses pensées. Il faillit le réaliser. La Bohême, sa patrie, embrassa avec ardeur ses doctrines. Il voulut que les Parfaits cherchassent la règle de leur conduite et de leur foi dans les préceptes évangéliques et que la validité des sacrements dépendît de la moralité du prêtre qui les administre (1). L'odieux trafic des indulgences lui arracha des cris d'indignation, et, nouveau Jésus, il stigmatisa du souffle de ses colères les nouveaux marchands du Temple (2).

Effrayé du succès de ses prédications, et plus particulièrement préoccupé de cette dernière tendance réformatrice, un ancien corsaire, devenu pape sous le nom de Jean XIII, fulmina l'excommunication majeure contre Jean Huss.

Aux foudres pontificales ne tarda pas à faire écho l'inique procédure du Concile de Constance; sommé de paraître devant cette assemblée érigée en haute cour inquisitoriale, il quitta Prague à la faveur d'un sauf-conduit que lui avait délivré l'empereur Sigismond. Mais,

(1) H. Vast.
(2) Nous recommandons la lecture de la Revue *Le spiritisme moderne* où, avec un éloquent souffle d'âme et une noble puissance de style, notre ami et frère Médéric Beaudelot émet sur Dieu et l'Humanité des idées très voisines des nôtres.

au mépris de toutes les lois humaines, il fut arrêté dès son arrivée à Constance et jeté dans un horrible cachot, d'où il ne fut tiré que pour entendre les Pères du Concile rugir contre lui le plus féroce des réquisitoires et le condamner au bûcher. Son ami et disciple, Jérôme de Prague, brava les fureurs de l'assemblée, afin de partager le supplice de son maître.

Le crime fut consommé le 6 juillet 1416. On connaît la fin sublime du héros si divinement racontée par les beaux vers de notre grand Victor Hugo. Mais Victor Hugo, diront quelques-uns, fut un abominable hérétique très suspect de partialité en faveur d'un ennemi de l'Eglise romaine. Soit. Laissez-moi citer alors *in extenso* un autre auteur: « Huss et Jérôme ont supporté fièrement la mort ; ils ont marché au supplice comme à un festin où on les aurait conviés, et aucune de leurs paroles n'a trahi la moindre défaillance. Lorsqu'ils ont commencé à brûler ils ont entonné un psaume que les flammes et la violence du feu ont pu seules interrompre. Aucun philosophe n'a accueilli la mort avec le même courage qu'ils ont bravé le bûcher ! » Paroles d'Enéas Sylvius Piccolomini, qui fut pape sous le nom de Sylvestre II !

Il y aurait encore quelques grands noms à citer à côté de Jean Huss et de Jérôme de Prague, notamment ceux de Procope le Grand, de

Jean Zyska, et de Jean Rokysansky. Mais ce serait nous écarter de notre plan que de raconter la guerre des Hussites, comme eux-mêmes d'ailleurs s'écartèrent de la vraie tradition, qui condamne la propagande à main armée. Encore une fois c'est une simple étude de doctrines que nous voulons présenter à nos lecteurs (1).

Après la mort de Jean Huss, l'Arbre saint reprit sa calme et silencieuse croissance, à travers la succession des siècles. Le Protestantisme, sous sa double forme luthérienne et calviniste, bien qu'enté sur le rameau hussite, ne saurait être considéré comme une branche gnostique. Pareil aux rameaux du baobab, au lieu de se dresser vers le ciel et d'aller y puiser la vraie lumière, il descendit vers la terre, y prit racine et vécut bientôt d'une vie indépendante et propre. La partie supérieure se détacha définitivement de l'Arbre Gnostique et un abîme est aujourd'hui entre lui et nous (2). S'il a, à certains égards affranchi la pensée humaine, en rompant avec le joug romain, il a déterminé un lamentable retour vers le passé, en se prosternant aveuglément devant les œuvres sanglantes du Jéhovah biblique, en faisant ses délices de la lecture de l'Ancien Testament, et en renouant la tradition

(1) Voir la note *in fine*.
(2) Il faut toutefois faire une réserve au sujet du protestantisme libéral, qui en élaguant les étroitesses du protestantisme calviniste s'est sensiblement rapproché de nous.

judaïque, dont le catholicisme lui-même s'était à demi libéré. A tout prendre, et tout bien pesé, le Protestantisme fut dans l'ordre religieux plutôt un recul qu'un progrès.

Du reste si, doctrinairement, nous ne sommes pas attirés vers le Protestantisme, il semble moins encore disposé à venir à nous. N'est-ce pas une des lumières de l'Eglise réformée, M. de Pressensé, qui, rééditant et résumant toutes les colères des Pères orthodoxes contre notre glorieuse Communion, a écrit cette phrase inoubliable : « La Gnose, c'est le cauchemar de l'Humanité ! »

Mais, va-t-on nous dire, si vous rejetez toute parenté avec le Protestantisme, où voulez-vous que nous allions chercher la tradition gnostique ? Qu'est-ce que cet Arbre merveilleux qui croît silencieusement dans l'ombre, sinon une fiction de poëte, une inconsistante et insaisissable chimère ? S'il ne produit plus ni fleurs, ni fruits, ni rameaux, c'est qu'il est mort et bien mort !

A cela nous pourrions répondre, en nous étayant sur Platon, que l'Idée, en dehors même du fait qui la réalise, a une existence propre qui résiste à tous les chocs et sort radieuse de toutes les léthargies. La Gnose est une idée : la Gnose ne peut mourir.

Mais en dehors de cette existence absolue, n'est-il pas possible de retrouver çà et là, dans l'ordre des contingences des preuves de l'existence de la Gnose au cours de ces trois ou quatre derniers siècles ? Le Quakérisme auquel nous avons déjà fait plus d'une allusion, le Mormonisme lui-même avec sa doctrine de l'émancipation féminine, le Quiétisme de Mme Guyon, cette mystique Hélène de cet autre Simon le Mage, qui s'appela Fénelon, ce Quiétisme qui absolvait si facilement les péchés de la chair, le Jansénisme de Saint-Cyran, qui fit si large la part de la femme dans la restauration ecclésiale dont Port-Royal fut le théâtre et qui ramena ses fidèles au saint communisme pratiqué par les Marcionites et les Vaudois, Babeuf, avec sa république égalitaire, Enfantin et son Couple-prêtre, Fourier et ses efforts désespérés en vue d'instaurer l'harmonie du Plérome au sein de l'heddomade hylique, ne sont-ce pas là autant de ressouvenirs gnostiques, de pousses adventices surgies aux parois du vieil Arbre de Valentin ?

Mais aucune de ces églises n'a possédé la Gnose intégrale ; tout au plus ont-elles hérité de quelques fragments de sa doctrine, de quelques vagues tendances de sa foi. A ce dernier quart d'un siècle, qui a vu s'accomplir tant de ruines, il était donné d'assister à la renaissance, ou plutôt à une nouvelle épiphanie de la vérité gnostique.

Un homme d'une haute intelligence s'était senti, dès 1867, mystérieusement voué à la propagation de la bonne nouvelle. Il demeura de longues années recueilli, plongé dans l'étude et la prière, ne se trouvant pas encore suffisamment armé pour la noble lutte qu'il allait entreprendre.

Mais son heure vint enfin et Valentin II apparut aux hommes de bonne volonté, emplissant la France des œuvres de son fécond apostolat.

Les sceptiques, — et Dieu sait si notre époque en foisonne, — ne manquèrent pas de lui demander quel était son consécrateur. Qui t'a fait pontife ? De qui tiens-tu tes pouvoirs ? Qui t'a transmis le pallium et le Knosti ?

Valentin aurait pu, à l'exemple de Fabré Palaprat (1), le restaurateur d'une prétendue religion templière, imaginer une filiation sacerdotale faisant remonter ses pouvoirs d'initiation en initiation jusqu'à Simon ou Cérinthe.

Mais il préféra dire la vérité : « C'est l'Eon Jésus lui-même qui m'imposa les mains et me sacra évêque de Montségur (2) ». Déclaration d'ailleurs absolument conforme à la tradition Vaudoise : LE SACERDOCE PEUT ÊTRE CONFÉRÉ DANS TOUTE SA PLÉNITUDE PAR SIMPLE INFLUX DIVIN SANS L'ACTION D'AUCUN SIGNE INITIATIQUE.

Grâce à la noble ardeur du nouveau Patriarche

---

(1) Cf. les Hiérophantes, par Fabre des Essarts. Chamuel, édit.
(2) Lire le très intéressant ouvrage de Jules Bols : *Les Petites Eglises*.

l'Eglise gnostique fut promptement reconstituée. Une ère spéciale, datant de l'année vulgaire 1890, fut avant tout proclamée. Cette année correspondit à l'an 1ᵉʳ de la Restauration de la Gnose. Puis on procéda à l'organisation du culte, à la restitution des trois sacrements, le CONSOLAMENTUM, la FRACTION DU PAIN et l'APPAREILLAMENTUM, et la hiérarchie gnostique fut rétablie par la nomination de onze évêques titulaires, dont une sophia, c'est-à-dire un évêque-femme, et d'un grand nombre de diacres et de diaconesses.

Montségur fut choisi comme siège primatial, en souvenir de la Sainte montagne sur laquelle deux cents martyrs furent brûlés en 1224 par le vouloir satanique de l'Inquisition.

Au mois de septembre 1893, les évêques réunis en synode conférèrent le siège de Montségur à Valentin II. Quelques jours plus tard, l'ordre Martiniste fut associé à la très haute assemblée Synodale.

Voici la momemclature des diocèses épiscopaux qui sont en plein exercice depuis 1893 :

Montségur,
Toulouse,
Béziers,
Concorezzo,
Paris,
Milan,

Rennes,
Varsovie,
Lyon,
Bordeaux,
Carcassonne.

L'ordre de la Colombe du Paraclet fut ensuite créé en mémoire des Faydits et des Chevaliers et Dames de la guerre Albigeoise et des très Saints martyrs de l'Inquisition du midi.

L'année 1894, — l'an v de la Restauration de la Gnose, — fut marquée par une navrante défection. Le patriarche Valentin, sans que rien ait pu faire prévoir sa détermination, abjura la foi gnostique entre les mains de l'évêque romain d'Orléans. Mais un patriarche est toujours semblable au rameau d'or de Virgile, notre saint arbre n'a pas tardé à en voir apparaître un nouveau. Synésius, précédemment évêque élu et consacré de Bordeaux, a été promu au siège primatial par une décision du Saint Synode, et c'est lui qui depuis l'abjuration de Valentin ıı dirige, avec la grâce des Saints Eons, les destinées de l'Eglise gnostique.

Quatre nouveaux sièges épiscopaux ont été créés. Ce sont ceux de Bulgarie, de Perpignan, d'Orléans et de Bohême, ce qui porte aujourd'hui à quinze le nombre des membres du Saint-Synode.

Telle est l'histoire de l'évolution gnostique, depuis ses plus lointaines origines jusqu'à nos jours. Que si maintenant nous nous rappelons les quatre problèmes énoncés au début de ce travail, à savoir :

Problème de la création,
Problème de l'incarnation,
Question sociale,
Question de la femme,

il suffira de se remémorer l'exposition des doctrines de nos saints apôtres pour que les quatre solutions demandées apparaissent avec une lumineuse netteté.

Au problème de la Création la Gnose répond :

Le monde physique est l'œuvre d'une puissance inférieure ; il est trop mal fait, trop plein de contradictions et d'horreurs pour émaner directement d'un être infiniment bon et juste.

Au problème de l'incarnation la Gnose répond :

L'Eon Christos descendu du divin Plérome s'est incarné en Jésus pour sauver les Psychiques de bonne volonté, mais sa prédication une fois accomplie, il est rentré au sein du Plérome et n'a point subi les tortures du Golgotha.

A la question sociale la Gnose répond :

Il n'y a qu'une famille humaine, dont toutes les aspirations doivent tendre à maudire la guerre et à marcher incessamment vers un communisme harmonique.

A la question de la Femme la Gnose répond :

La femme est l'égale de l'homme, le parhèdre indiscutable de la Syzygie anthropomorphique, et comme telle elle a le droit d'exercer la plénitude du sacerdoce et, par ainsi, le vase d'infirmité, dont parle l'Eglise catholique, devient le vase d'élection de la Gnose !

Le devoir des Parfaits et des Parfaites, des Diacres et des Diaconesses, des Evêques et des Sophias, qui nous continueront, est lumineusement tracé au fond de leur conscience : c'est de répandre autour d'eux l'Evangile de paix et de vérité, de se multiplier en œuvres fraternelles, afin que chaque jour plus nombreuses, les âmes, ces divins oiseaux, viennent reposer leurs ailes sur les rameaux du Saint Arbre !

PIÈCES COMPLEMENTAIRES

LES FRÈRES MORAVES

A côté de Jean Huss et de ses amis, il n'est point hors de propos de citer le sympathique rameau des Frères Moraves, dont l'origine semble remonter jusqu'au IVe siècle, époque de la prédication de Méthode et de Cyrille. Ces nobles croyants constituaient, en 1457, une société très vivace, harmonieusement organisée, où le plus pur communisme de la Gnose initiale était pratiqué. Ils avaient alors pour primat l'ancien curé Michel Bradacz. Chassés de Bohême par le roi Ferdinand II, ils se réfugient en Moravie, dont ils sont encore expulsés en 1627 ; ils s'établissent alors sur les frontières de la Saxe, grâce à la haute protection du comte de Zinzendorf. Plus tard, divers groupes moraves émigrèrent en Amérique, où ils subsistent encore à l'état de sociétés patriarcales, qui se recommandent à la fois par leur ardeur aux travaux de défrichements, leur cordiale union et la pureté de leurs mœurs.

Un de leurs grands apôtres fut Jean Amos Komensky, plus connu sous le nom latinisé de Coménius. Né en Moravie, vers 1592, de fort modeste extraction (son père était un simple meunier), il fit de fortes études théologiques et littéraires.

Attiré de bonne heure par la beauté des doctrines moraves, il suivit les frères dans leurs diverses émigrations. Chargé de la direction du gymnase de Leszno, il y publie le *Labyrinthe du Monde,* livre d'apostolique envolée, véritable évangile du peuple, où les potentats de tous rangs sont impitoyablement flagellés.

Nous le retrouvons plus tard à Upsal, où il vit dans l'intimité du grand ministre Oxenstiern. Il revient ensuite en Pologne, où il préside pendant quelque temps aux destinées de l'Eglise Morave. La guerre suédo-polonaise de 1655, l'oblige à s'exiler. Il vient mourir, plein de jours, à Amsterdam, en 1671, laissant après lui le souvenir d'un saint et d'un ami dévoué de l'humanité.

LE CHRIST

par Charles Grandmougin

(Drame gnostique). (1)

Ch. Grandmougin est-il initié aux mystères de la très sainte Gnose ? C'est là un secret que nous nous faisons un scrupule de pénétrer. D'ailleurs, en l'espèce, comme partout et toujours, tout est dans tout ; que le poète l'ait voulu ou non, son œuvre n'en est pas moins un des plus beaux drames gnostiques qui aient été médités et conçus, et la soirée du 28 février, où il nous fut donné de l'entendre pour la première fois, laissera en l'âme du Pasteur spirituel des Parfaits et des Parfaites un suave et ineffaçable souvenir.

Le rideau se lève sur le frais paysage de Nazareth ; Jésus, en qui flotte délicieusement l'essence de Christos, a voulu revoir le berceau de son enfance humaine. Il est avec sa mère. De tendres paroles sont échangées. Le souvenir des anciennes et innocentes joies hante son âme, et tout le passé semble revivre pour lui « dans ces vieilles cours dont il retrouve encore les familiers détours, dans ces longues murailles blanches, dans ces lilas et ces rosiers aux doux parfums. »

> Je suis heureux : ma tête avec douceur se penche
> Sur votre épaule, et moi, prophète triomphant,
> Je suis redevenu votre petit enfant !

(1) Extrait de la Revue la *Paix Universelle* si vaillamment dirigée à Lyon par notre frère A. Bouvier.

Exquises choses, toutes filiales, tout attendries du réveil momentané de l'homme ; mais voici que soudain le radieux Eon apparaît et que Chris.tos se redresse de toute sa divine hauteur :

> C'est qu'un devoir plus haut a fait de moi sa proie
> Et qu'à l'ordre divin mon âme a répondu.

Sa majesté éclatera tout à l'heure, plus intense, plus imposante encore, lorsqu'il s'écriera devant ses détracteurs — ses amis d'hier — terrasssés par un geste de sa main :

> Ecumez sans relâche, âmes sombres que creuse
> L'envie, esprits bornés par vos ressentiments !
> Vos rires de démons trahissent vos tourments ;
> Je ne suis pas venu pour éblouir la ville...

Et plus loin :

> Adieu, pays natal et maison paternelle,
> Terre où l'ingratitude humaine est éternelle,
> Où bave l'impuissant, où se tort le jaloux,
> Adieu, vous que la peur va clouer à genoux,
> Adieu, vous qui pouviez m'aimer.....

Au deuxième tableau, nous sommes chez Madeleine, j'allais dire chez Sophia. Elle est bien, en effet, cette aimable pécheresse, avec ce pauvre Zénon qu'elle délaisse, le suggestif symbole de la dernière Syzygie du très auguste Plérome. Comme Sophia, elle s'élance vers le Dieu suprême, vers l'Abyme de Mansuétude et de Puissance qu'elle a entrevu dans un rêve d'amour.

    ...... Vos doux yeux sèment de purs rayons ;
       Votre sérénité lumineuse et sublime
       M'envahit chaque jour, me brûle, et je m'abîme
       Dans l'adoration de vos charmes sacrés.
       Les nuits calmes, les lourds midis, les soirs dorés,
       Tout pour moi se rapporte à vous et votre absence
       Me peine, et mon regard soumis à la puissance
       D'un prestige obstiné, que rien ne peut bannir,
       Peuple les lieux déserts de votre souvenir.

Mais Jésus comprend tout ce qu'il y a d'hylique, de sensuel dans la passion de Madeleine ; il la repousse doucement :

                              Je ne sais,
       Femme, si je lis bien au fond de vos pensers.
       Mais je sens en vos yeux dont la splendeur m'adore,
       Une flamme invaincue où le mal vit encore.

Peu à peu, sous l'influx du rayonnement divin, l'amour de la pécheresse s'épure et s'idéalise. Comme l'autre Sophia, consciente enfin de son égarement, elle maudit son extase charnelle de la première heure, renonce à son insensé délire, et tombe, grandie par le repentir et vivifiée par la rédemption.

Troisième tableau : le jardin des Oliviers. Ici va s'affirmer dans toute sa vérité la doctrine de nos grands apôtres, Cérinthe, Valentin, Saturnin, Elxaï, les Ophites ; Christos, en sa qualité d'être divin, ne pouvait souffrir.

L'heure de l'angoisse est venue.. Il remonte dans les splendeurs du Plérome, laissant Jésus à ses douleurs. L'homme seul reste, mais combien grand encore ! C'est l'église abandonnée : l'autel est désert, les orgues sont muettes, mais que de majesté sous ses hautes ogives et de quelle infinie tristesse pleurent ses vieux vitraux mélancoliques. On sent que Dieu a passé là !

Du poëme de Grandmougin, cette partie est, selon nous, de beaucoup la plus belle, parce que c'est la plus humaine, la plus intensivement vécue. Le désespoir de Jésus est rendu avec une extraordinaire puissance d'images. Nous voudrions pouvoir citer tout le morceau :

> Oh ! parle-moi, nuit pure, oh ! répondez, Etoiles,
> Effroyable infini, déchire-moi tes voiles,
> Car mon oreille écoute et mes yeux veulent voir ;
> J'appelle en désolé la douce certitude
> Dont la clarté doit lire en cette solitude
> Et réveiller en moi les fièvres du devoir !
>
> Oh ! douter de soi-même et n'avoir plus de guide !
> Crier éperdûment sous le bleu du ciel vide
> Ouvert à mes regards comme un gouffre béant !
> Penser que notre vie est un horrible rêve,
> Qui, sans avoir de but se déroule et s'achève
> Entre deux infinis où plane le néant !
>
> ....
> O terre, engloutis-moi, si le ciel m'a trompé !

Fort belle aussi la scène de l'arrestation. Là, comme en maint endroit, le poète a rigoureusement suivi les synoptiques. Mais pour le fonds même de la doctrine, en bon gnostique qu'il est, — ou qu'il mériterait d'être, — il s'en est référé à l'Evangile de Jean, qui est, comme on sait, notre livre par excellence.

Dans le tableau intitulé *Pilate*, la Syzygie Jésus-Christos se renoue à nouveau. Le dialogue entre le Christ et Pilate est d'une incomparable beauté. L'intervention de Madeleine au moment du jugement, laquelle ne mentionne aucun évangile, pas même les apocryphes, est une conception fort vraisemblable et qui d'ailleurs a le grand mérite, à nos yeux, de nous rappeler Sophia définitivement pardonnée, transfigurée et rentrant en grâce auprès de Bythos.

Grandmougin nous fait également assister au remords de Judas, condamné irrévocablement par Marie et par Madeleine, mais absous par Jésus, ce qui est du reste en parfait accord avec la doctrine caïnite et marcionite. Il répugnait à l'âme généreuse du doux poète de damner irrémédiablement l'homme qui a vendu Celui dont toute la religion fut amour !

Le tableau du Golgotha est incontestablement le plus dramatique. Le dialogue entre la mère et son divin Fils arrache des larmes, quelque enlisé que l'on soit dans les hyliques fanges. Là encore selon l'orthodoxie gnostique, l'Eon Christos a quitté Jésus, et son Humanité exhale une plainte désespérée et sublime :

> Ah ! pourquoi m'avez-vous abandonné, mon Dieu ?
> Mon esprit et mon corps agonisent ensemble ;
> Ma dernière douleur est humaine ; je tremble
> Comme un enfant perdu dans la nuit des chemins ;
> D'horribles visions passent ; des lendemains
> S'ébauchent par delà les siècles, innombrables ;
> J'entends les cris confus des peuples misérables,
> Qu'on torture en mon nom, sous des cieux restés sourds,
> Et qui râlent d'horreur, en cherchant mon secours !

Le tableau de l'apothéose ou résurrection sort tout à fait de la donnée gnostique, à moins qu'il ne doive être interprété au sens symbolique et que l'auteur n'ait eu l'unique intention de figurer ainsi l'idée chrétienne éternellement vivante dans le monde. Ce dialogue lyrique est d'ailleurs hors de pair, sous le rapport de la forme, et clôt mélodieusement ce beau drame.

Telle est l'œuvre de Ch. Grandmougin. La postérité lui fera certainement une place d'honneur dans la glorieuse Anthologie qu'elle dégagera de l'effroyable monceau de productions littéraires de ce siècle. L'avenir parlera du *Christ* de Grandmougin, comme nous parlons du *Prométhée* d'Eschyle. Pour les gnostiques, il deviendra un livre classique, que les Parfaits liront avec vénération et qui servira de lien mystique entre le Pœmender et Pistis-Sophia. Qu'en retour de son noble travail notre Frère Grandmougin reçoive notre patriarcale bénédiction et que sur lui et les siens descende la grâce de l'Eon Jésus, Fleur céleste du Plérome !

SYNÉSIUS,
Patriarche gnostique.

LA GNOSE ET L'UNIVERSITÉ

De l'un des plus beaux livres qui aient été écrits par une plume universitaire (*Histoire de la Philosophie par Alaux*), nous détachons les lignes suivantes, qui serviront d'épilogue à ce livre :

« La Gnose est la connaissance ; les Gnostiques sont les hommes qui connaissent, qui savent, qui ont l'explication ou le secret des choses.

« L'Etre infini, source de tous les êtres, est le Père invisible, incompréhensible, ce Principe indéterminé de tout ce qui existe, ce fond obscur d'où tout sort, l'abîme, Βυθός. De l'abîme, de l'Etre infini, sortent les êtres, de moins en moins parfaits, depuis le plus élevé jusqu'au plus humble, descendant pas à pas toute la suite d'une dégradation continue. Ils constituent deux mondes, l'un céleste et divin, empire du bien, où règnent la Lumière et la Vie, l'autre inférieur, empire du mal, des ténèbres, de la mort. Les premiers êtres émanent de l'Etre infini, manifestations distinctes de ce qui est confondu dans l'abîme ; formes distinctes, noms divers de l'Etre unique. Ce sont les Eons, Αἰῶνες, éternelles intelligences, dont l'ensemble est, avec Lui, le monde intelligible, le monde divin, le Plérome. Les Eons sont classés en séries, conformément à d'antiques théories sur les nombres, et vont par syzygies, ou par couples, deux à deux. Le moins parfait, le moins divin des Eons, est celui qui produit, ou qui organise le monde inférieur : c'est le Démiurge, divin encore, déjà terrestre, dernière émanation du Plérome, première puissance du monde inférieur, lien des deux mondes.

« Ce monde où nous vivons n'a donc pas été créé par l'Etre infini, par le Père inconnu, l'Abîme ; il est l'œuvre du Démiurge, œuvre imparfaite, misérable, mélange de lumière et de ténèbres, de bien et de mal ; œuvre indigne du Père et destinée à périr. Dans ce monde inférieur et périssable, sont emprisonnées les âmes, en expiation d'un crime primitif. La chute appelle un Rédempteur, non le Démiurge dont l'œuvre malheureuse doit être réformée, mais une des hautes puissances du Plérome ; la Pensée divine, le Verbe divin se fait homme pour éclairer l'homme et lui apprendre la route du retour à Dieu. C'est Jésus-Christ, antagoniste du Démiurge, réformateur de son plan, destructeur de sa création. Jésus n'est pas venu accomplir, mais abolir l'ancienne loi. L'auteur de cette loi est Jéhovah, le Démiurge ; l'ancienne loi exprime la pensée du Démiurge, la loi chrétienne exprime celle du Père inconnu, de Dieu. Les autres hommes adorent le Démiurge, les Chrétiens adorent Dieu. Parmi les hommes, les uns captivés par le monde inférieur sont *Hyliques* (ὕλη) ou matériels : tels sont les païens ; les autres, qui aspirent au divin sont *Pneumatiques* (πνεῦμα) ou spirituels : tels sont les chrétiens ; ceux qui ne s'élèvent que jusqu'au Démiurge, sont *Psychiques* (ψυχή) : tels sont les Juifs. Les Hyliques périront ; les Psychiques n'obtiendront que les bienfaits limités et temporaires du Démiurge ; les Pneumatiques seuls rentreront dans le sein de l'éternel Plérome, dans le royaume des Cieux. »

FIN

TABLE des MATIÈRES

	PAGES
Préface	5
L'Arbre Gnostique	8
Pièces complémentaires :	
Les Frères Moraves	75
Le Christ, par Grandmougin	77
La Gnose et l'Université	84

Châteauroux, imprimerie typ. et lith. L. Badel

Principaux Ouvrages recommandés pour l'étude de l'OCCULTISME et de ses applications

CONTEMPORAINS

- F.-Ch. Barlet — L'Évolution de l'Idée. / L'Instruction Intégrale.
- Stanislas de Guaita — Le Serpent de la Genèse. / Le Temple de Satan. / La Clef de la Magie noire.
- Papus — Traité méthodique de Science occulte. / Traité élémentaire de Magie pratique. / La Science des Mages. / L'Âme Humaine.
- A. Jhouney — Ésotérisme et Socialisme.
- René Caillié — Dieu et la Création.

CLASSIQUES

- Eliphas Lévi — La Clef des Grands Mystères.
- St Yves d'Alveydre — Mission des Juifs.
- Fabre d'Olivet — La Langue hébraïque restituée. / Histoire philosophique du genre humain.
- Albert Poisson — Théories et Symboles des Alchimistes.

LITTÉRATURE

- Jules Lermina — La Magicienne. / À Bruler.
- Bulwer Lytton — Zanoni. / La Maison Hantée.

MYSTIQUE

- P. Sédir — Jeanne Leade. / Jacob Boehme et les Tempéraments. / Les Incantations.

HISTOIRE

- Fabre des Essarts — Les Hiérophantes.

EN PRÉPARATION

- Fabre des Essarts — Le Filou révolutionnaire à travers les Religions. / Priape et Jésus.
- S. Basset — La Science de l'Invisible.

À la Librairie CHAMUEL, 5, rue de Savoie, Paris
(*Envoi franco du Catalogue*)

www.ingramcontent.com/pod-product-compliance
Lightning Source LLC
LaVergne TN
LVHW052106090426
835512LV00035B/1259